W0473191

BASTEI
LÜBBE

Ralf Dahrendorf

Betrachtungen über die Revolution in Europa

in einem Brief, der an einen
Herrn in Warschau gerichtet ist
1990

BASTEI
LÜBBE

BASTEI-LÜBBE-TASCHENBUCH
Band 60341

© Deutsche Verlags-Anstalt GmbH, Stuttgart
Lizenzausgabe: Gustav Lübbe Verlag GmbH, Bergisch Gladbach
Printed in Germany, Dezember 1992
Umschlaggestaltung: Roland Winkler
Titelbild: Süddeutscher Verlag
Satz: KCS GmbH, 2110 Buchholz/Hamburg
Druck und Bindung: Clausen & Bosse, Leck
ISBN 3-404-60341-9

Der Preis dieses Bandes versteht sich
einschließlich der gesetzlichen Mehrwertsteuer

Vorwort zur Taschenbuchausgabe

Wie im Leben, so gibt es auch in der Geschichte Augenblicke, die es verdienen, festgehalten zu werden. Das gilt selbst dann noch, wenn schon erkennbar wird, daß sie Höhepunkte waren, die nicht von Dauer sein konnten. Die Revolution von 1989 in den damals kommunistischen Ländern Mittel- und Osteuropas war ein solcher Augenblick. In diesen »Betrachtungen« wird der Versuch gemacht, die Empfindungen und die Chancen jener Zeit festzuhalten. Das ist um so wichtiger, als seitdem die Probleme des großen Wandels, der sich als »Revolution von 1989« beschreiben läßt, deutlich sichtbar geworden sind. Die großen Hoffnungen vieler haben sich nicht, jedenfalls noch nicht erfüllt. Auch hat kein »Ende der Geschichte« stattgefunden. Statt eines liberalen Arkadien findet sich vielerorts Zerfall und Zwist. Müßte man da nicht diese »Betrachtungen« ganz neu und vielleicht auch anders beginnen?

Ich denke, nein. Schon am Anfang des langen Briefes, der hier einer größeren Leserschaft zugänglich gemacht wird, habe ich auf die eigentümliche »Anatomie der Revolution« hingewiesen. Alle Revolutionen beginnen mit Momenten des Triumphes und führen dann durch ein Tal der Tränen. Es ist übrigens auch ein Irrtum zu meinen, daß Revolutionen gewaltsam ausbrechen. Zunächst scheint der Wandel leicht; die Gewalt kommt meist später, wenn sich herausstellt, daß die Dinge sich nicht so leicht bewegen lassen. Ludwig XVI. wurde zunächst als »Bürgerkönig« akzeptiert und erst drei Jahre nach der Revolution von 1789 zur Guillotine geführt. Die Enttäuschung der revolutionären Hoffnungen ist zugleich die Stunde der Gefahr. Auch jetzt, drei Jahre nach 1989, erleben wir diese Enttäuschungen überall, sogar in der früheren DDR, jedenfalls in Polen, in Ungarn und in jenem Land, das man nun die frühere Tschechoslowakische Republik nennen muß.

Heißt das, daß ich im Sommer 1990 alles vorhergesehen habe, was sich in den folgenden Jahren entwickeln sollte? Prognosen sind schon für Meteorologen ein schwieriges Unterfangen – um wieviel mehr gilt das für Soziologen! Immerhin, von manchen der jetzt offenbar gewordenen Schwierigkeiten ist in dem Brief aus dem Jahr 1990 die Rede, so vor allem von den gefährlichen Widersprüchen zwischen demokratischen Hoffnungen und (markt)wirtschaftlichen Enttäuschungen. Sogar von der Möglichkeit, daß der Faschismus unter den Bedingungen des Postkommunismus eine Wiedergeburt erleben könnte, wird gesprochen. Doch würde ich zwei Themen heute etwas gründlicher behandeln, und sie hängen mit ökonomischen Hoffnungen und politischen Gefahren zusammen.

Die »Betrachtungen« suchen jeden kapitalistischen Triumphalismus zu vermeiden. Auch bei der Beschreibung der Marktwirtschaft empfehlen sie nicht ein einziges Modell für alle. Doch habe ich eine Tatsache nicht genug betont: eine florierende Wirtschaft verlangt nicht nur bestimmte Regeln und Institutionen, sondern auch eine menschliche Motivation, die nicht von selbst kommt. Stabiles Geld und privates Eigentum reichen nicht, um Menschen zur Wirtschaftstätigkeit anzureizen. Das gilt zumal angesichts der Tatsache, daß der alte Westen den neuen Demokratien des Ostens in den achtziger Jahren nicht gerade ein gutes Beispiel gegeben hat. Der Anfang wirtschaftlicher Gesundung verlangt immer Verzicht – Ökonomen würden sagen: Sparen. Das letzte Wirtschaftswunder beruhte aber auf dem genauen Gegenteil, nämlich auf Kredit. Es war ein Aufschwung auf Pump. Wir haben alle zuerst konsumiert und dann verdient, um die Schulden abzubezahlen. Die Osteuropäer haben uns das abgeguckt. Wer wollte es ihnen verübeln! Nur führte das vor allem zu Entartungen, zu Spekulation und Schuldenmachen einerseits und der Forderung nach Transfereinkommen andererseits, aber eben nicht zu dauerhafter Wirtschaftstätigkeit. Das Ergebnis ist im Fall der früheren DDR teuer, nämlich für den Westen, und dort, wo es kein Westdeutschland gibt, ist es katastrophal. Wenige Reiche profitieren von den neuen Möglichkeiten, aber die Masse bleibt arm. Zu viele haben ihren Rat zur wirtschaftlichen Erneuerung auf die Institutionen der Marktwirtschaft beschränkt und die Menschen vergessen, die in diesen Institutionen leben und wirken sollen.

Das ist schlimm, weil es den *desencanto,* die Enttäuschung verstärkt, von der in den »Betrachtungen« die Rede ist. Die daraus resultierende Stimmung trägt dann dazu bei, daß ein zweites Thema an Virulenz gewinnt, dem ich zu wenig Raum gewidmet habe. Ich nenne es das Thema der Zugehörigkeit, des Zuhauseseins, des Wissens, wohin man gehört. Die Nomenklatura-Herrschaft des späten

Kommunismus hat klare Koordinaten für das Verhalten der Menschen geschaffen. Man war mit von der Partie oder man zog sich in private Nischen zurück; viele spielten ein kompliziertes Doppelspiel mit beiden Verhaltensweisen. Überdies war das Angebot der kommunistischen Ideologie allgegenwärtig. Auch das konnte man abweisen und (zum Beispiel) ein entschiedenes Christentum vertreten, wie dies im Widerstand in Polen wie in Ostdeutschland eine Rolle gespielt hat. Mit der Revolution von 1989 aber fielen solche Formen der Zugehörigkeit weg. Noch die negative Definition der eigenen Stellung etwa als Dissident büßte ihren Sinn ein.

Demokratie und Marktwirtschaft liefern für diesen Verlust keine Entschädigung. Sie sind ihrer Natur nach keine Religionen, auch keine Ersatzreligionen. Sie stiften keine Zugehörigkeiten. (Noch der »Verfassungspatriotismus« ist eine überaus rationale, daher nicht sehr wirksame Konstruktion.) Es ist geradezu der Sinn von Demokratie und Marktwirtschaft, daß sie die Ansprüche der Sphären des Politischen und des Ökonomischen begrenzt halten. Jeder soll nach seiner Fasson selig werden; Politik und Wirtschaft sorgen nur dafür, daß verderbliche Irrwege vermieden werden. Das ist schön und gut, läßt aber ein großes menschliches Bedürfnis unbefriedigt, eben das Bedürfnis nach Zugehörigkeit, nach Ligaturen (wie ich es mit einem absichtlich etwas befremdlichen Ausdruck formuliere).

Wer oder was befriedigt aber dieses Bedürfnis? Wer schließt insbesondere dann die Lücke, wenn Politik und Wirtschaft selbst mindestens so viele Fragen offenlassen wie sie beantworten? Die alten Kräfte tun es nicht mehr. Selbst die relativ wenigen, die sich an kommunistische

Nachfolgeparteien klammern, finden darin keine Seelenheimat mehr. Es fällt auf, daß die gestern noch so wichtigen Kirchen, wie die katholische Kirche in Polen, auf einmal ihren Zugriff verlieren. So setzt jene Unsicherheit ein, in der falsche Götter ein leichtes Spiel haben. Menschen ohne Heimat klammern sich an andere und verfallen Parolen, die an die Gefühle, nicht an die Vernunft appellieren. Hier liegt ein Grund für den grassierenden Nationalismus in der postkommunistischen Welt. Da geht es ja nicht um Nationalstaaten als Garantie des Rechts und der Stabilität, sondern es geht um Gemeinwesen von Gleichen, von Gagausen und Tschetschen, die sich nicht mehr abfinden wollen mit einer heterogenen Gesellschaft, in der auch Rumänen und Ingusch, geschweige denn Russen leben.

Das klingt auf den ersten Blick plausibel und wird daher oft unter dem mißverständlichen Begriff des Selbstbestimmungsrechts verteidigt. In Wahrheit geht es hier jedoch nicht um demokratische Selbstbestimmung, sondern um Abgrenzung von anderen. Derlei Abgrenzungen indes funktionieren nicht. Es bleiben immer Minderheiten, und es entstehen schwierige Nachbarschaften. Bosnien-Herzegowina mag das extremste Beispiel sein, es ist dennoch ein Hinweis auf andere Teile der postkommunistischen Welt. Das Ergebnis der neuen Homogenitätssuche, des Wunsches vieler Menschen, unter ihresgleichen zu leben, ist daher die Unterdrückung von Minderheiten im Innern und die künstliche Abgrenzung nach außen. Weniger harmlos formuliert, folgt aus dem falschen Gott der homogenen Nation oft Bürgerkrieg und Krieg. Das Ausmaß, in dem beide die Welt der neunziger Jahre unseres ohnehin mörderischen Jahrhunderts bestimmen würden, habe ich zum Zeitpunkt der »Betrachtungen« nicht gesehen.

Es ist übrigens nicht leicht, eine Antwort auf die zugrundeliegenden Fragen zu finden. Wenn die Demokratie keine Zugehörigkeit stiftet und die homogene Nation zum Krieg führt – was bleibt dann? In der neuen Ausgabe meines Buches »Der moderne soziale Konflikt« habe ich argumentiert, daß eben hier die große Bedeutung dessen liegt, was ich in den »Betrachtungen« noch die »bürgerliche Gesellschaft« genannt habe und jetzt lieber die »Bürgergesellschaft« nenne. Die *civil society,* also das schöpferische Chaos autonomer, weder staatsabhängiger noch auch nur staatsbezogener Institutionen und Organisationen, ist das Geheimnis der Freiheit. Sie vor allem gilt es in den neuen Demokratien zu fördern. Dazu findet der geneigte Leser manches in diesen »Betrachtungen«.

Das Büchlein ist mittlerweile in vielen Sprachen erschienen, gerade auch in den Ländern, von denen die Rede ist. Es hat dort wie im Westen eine wichtige Diskussion ausgelöst. Dies ist kein wissenschaftliches Buch, auch wenn es von einem Sozialwissenschaftler geschrieben ist. Es ist ein Essay zur Zeitanalyse und ein Plädoyer für die offene Gesellschaft. Die Form des Briefes habe ich von Edmund Burke übernommen, der mir auch insofern ein Vorbild war, als er seinen Brief ein Jahr nach dem Ausbruch der Französischen Revolution geschrieben hat. Der Adressat ist ein Pole, der mir die im ersten Abschnitt aufgeführten Fragen tatsächlich gestellt hat. Er ist übrigens nicht, wie viele meinen, ein »polnischer Freund«, sondern ein prominenter Mann mit einer schwierigen

Lebensgeschichte. Wenn meine Antworten auf seine Fragen einen kleinen Beitrag zum unablässigen und für immer unabgeschlossenen Kampf für die Freiheit geleistet haben, ist das genug.

Holzschlag/Schwarzwald, im Juli 1992 R. D.

Sehr geehrter Herr J.,
als ich Sie während meiner letzten Polenreise an jenem sonnigen Märzmorgen in Warschau aufsuchte, nahm ich an, daß wir eine Tasse Kaffee zusammen trinken und uns über den Gang der Dinge in jener Art unterhalten würden, die die Franzosen als *café de commerce* beschreiben. Wir hatten einen merkwürdigen Winter, nicht wahr? Stürmisch, aber milde. Ohne Zweifel der »Treibhaus-Effekt«. Vielleicht hat er Gorbatschow gerettet. Jedenfalls war seine Energie-Rechnung niedriger als befürchtet . . . Aber Sie ließen es zu einem so lockeren Gespräch gar nicht erst kommen. Vielmehr überschütteten Sie mich mit Fragen zu den großen Rätseln Polens und Europas nach der Revolution von 1989, bis ich zu benommen war, um auch nur eine davon sinnvoll zu beantworten. Erst jetzt, in der Ruhe meines Studierzimmers in Oxford, von Büchern und allerlei Papieren umgeben und mit dem Blick auf das freundliche Mischwerk der Bauten von St. Antony's College, finde ich die Muße und Kraft für den Versuch einer angemessenen Antwort.

Was bedeuten die Geschehnisse des letzten Jahres, und wohin werden sie führen (wollten Sie wissen)? Sind wir nicht Zeugen eines Auflösungsprozesses, ohne daß irgend etwas an die Stelle der alten und eingestandenermaßen miserablen Strukturen träte? Wie können sich politische Parteien bilden (so fragten Sie zum Beispiel), wenn die alten von 1946, geschweige denn die der Zwischenkriegszeit, irrelevant geworden sind, aber neue Parteien Mühe haben, eine soziale Basis zu finden, die ihnen Halt gibt? Und warum (fügten Sie ein wenig beklommen hinzu) hätte ich vor einiger Zeit geschrieben, daß nicht nur der Sozialismus, sondern auch die Sozialdemokratie am Ende sei? Was wird die Marktwirtschaft dem Sozialgefüge des Landes antun? Wird sie nicht einige reich machen, während die vielen ärmer werden denn je? Was wird aus dem kulturellen Leben? Müssen wir nun, da wir frei sind, Schund und Schmutz lesen und sehen und auf preiswerte Bücher und subventionierte Filme von Qualität verzichten? Wie läßt sich der Rechtsstaat zustande bringen? Haben die alten Richter nicht alle Glaubwürdigkeit verloren, während neue, die Unabhängigkeit und Objektivität garantieren, schwer, wenn überhaupt zu finden sind? Und wie steht es mit der deutschen Gefahr? Werden wir nicht ein balkanisiertes Europa erleben, das von der einen Macht beherrscht wird, die nicht zerfällt, sondern sich vereinigt? Bin ich (so erkundigten Sie sich) im ganzen eher hoffnungsvoll, was das neue Europa betrifft, oder beunruhigt und voller Furcht wie viele Ihrer Landsleute und, wie Sie vermuteten, auch andere im östlichen Mitteleuropa?

Hoffnungen und Ängste sind nur Spiegel unserer Erwartungen. Ihre Befürchtungen könnten dieselben Gründe haben wie mein Optimismus. Habe ich hinter all Ihren Fragen eine Zukunftsvision für Ihr Land und andere in ähnlicher Lage entdeckt, die ebenso verständlich wie unwirklich und daher irreführend ist? Ihnen schien eine Gesellschaft vorzuschweben, die sowohl durch strenge Vorschriften der öffentlichen und privaten Moral zusammengehalten wird als auch von wirtschaftlicher Lebenskraft strotzt, eine, die zugleich von Ordnungssinn und Disziplin geprägt wird und politische Vielfalt pflegt, vielleicht ein »Schweden«. Die Anführungsstriche werden Ihnen nicht entgangen sein. »Schweden« ist nicht Schweden; es ist ein Traum, der nirgends auf der Landkarte Europas zum realen Flecken Erde wird. Mehr noch, wir sollten einem glücklichen Geschick dafür dankbar sein, daß es in der wirklichen Welt kein »Schweden« gibt, denn gäbe es eines, dann läge es irgendwo zwischen Lee Kwan Yews Singapur, das schon Mühe hat, einen einzigen Oppositionsabgeordneten in seinem »Parlament« zu akzeptieren, und eine Strafe von 200 Dollar verhängt, wenn man einen Papierknäuel auf die Straße wirft, und Platons Staat, in dem Philosophen-Könige dafür sorgen, daß abweichende Meinungen gar nicht erst aufkommen können, weil sie die Wahrheit immer schon selbst besitzen. Das wirkliche Schweden ist glücklicherweise ein freies Land, in dem es allerlei (wenn auch vielleicht nicht genug) läßliche Unordnung, bunte Vielfalt, Heterogenität, Konflikt und Wandelbarkeit gibt, also all die Dinge, ohne die menschliche Lebenschancen, und Menschen mit ihnen, nicht aufblühen können.

Doch verlangen Ihre Fragen mehr als die simple Verteidigung Schwedens gegen »Schweden«. Auch ist es nicht meine Absicht, Sie wegen Ihrer Meinungen zu attackieren, verdienen diese doch Respekt auch von dem, der sie nicht teilt. Vor allem aber verlangen Ihre Fragen Antworten. Als ich daran ging, mit meinen zwei Zeigefingern die Tasten der Schreibmaschine zu bearbeiten, um Antworten auf Ihre Fragen zu formulieren, wurde alsbald deutlich, daß das Ergebnis die normalen Dimensionen eines Briefes sprengen würde. Ich hoffe, Sie werden mich trotzdem anhören, wenn es auch eine lästige Konsequenz gibt, mit der wir fertig werden müssen. Ein Brief gestattet eine gewisse Informalität des Stils sowie Abschweifungen und Überschneidungen und mancherlei Ungleichgewichte, die in einem Traktat sehr viel weniger akzeptabel sein würden. Zugleich wäre »ein andersartiger Plan besser zur eingängigen Gliederung und Aufteilung des erörterten Stoffes geeignet«.[1] Ich habe einen mittleren Weg gewählt (trotz der Argumentation gegen den »dritten Weg«, die den Kern meiner Antwort ausmacht) und vier Hauptstücke dieses Schreibens unterschieden. Keines davon paßt säuberlich unter eine einfache Überschrift, doch läßt das erste sich zutreffend beschreiben als vornehmlich von Revolutionen und der offenen Gesellschaft handelnd, das zweite vornehmlich vom seltsamen Tod des Sozialismus und der Fata Morgana des »dritten Weges«, das dritte vornehmlich von Politik, Ökonomie und den Wegen in die Freiheit, und das vierte vornehmlich von Deutschland und der neuen Architektur Europas.

Vornehmlich von Revolutionen und der offenen Gesellschaft

Der Adressat Ihrer Fragen gehört zu den Menschen, die die Erinnerung an die Ereignisse von 1989 zeit ihres Lebens nicht loslassen wird. Was für ein Glück war es, dieses Jahr erleben zu dürfen! Gewiß gab es Tränen, bittere Tränen angesichts des Massakers auf dem Platz des Himmlischen Friedens, das am 4. Juni auf brutale Weise die »Demokratie-Bewegung« der chinesischen Studenten, Arbeiter und auch Soldaten beendete, die nach dem Tod von Hu Yao-bang am 14. April begonnen hatte, Tränen auch angesichts der Opfer der Securitate in Temeschwar und sonstwo in Rumänien sechs Monate später. Aber die meisten Tränen des Jahres 1989 waren doch Freudentränen. Wer wird je den Moment vergessen, an dem Ihr erster nichtkommunistischer Ministerpräsident Mazowiecki am 24. August auf der Regierungsbank im Sejm seinen Platz einnahm, ein wenig verloren aussehend mit dem ihm eigenen nachdenklich-traurigen Ausdruck, doch für jedermann erkennbar weder ein Diktator noch ein Nomenklatura-Bürokrat? Was kann je den Jubel über das Zerbrechen der Berliner Mauer am 9. November aus dem Gedächtnis löschen, als Menschen, die 28 Jahre getrennt waren, einander und noch ihre Wächter umarmten, um die neue Freiheit zu feiern? Wer konnte seine Gefühle beherrschen, als Václav Havel, wahrscheinlich in seinem damals einzigen Anzug nebst Schlips und Kragen, am 29. Dezember als neugewählter Präsident der Tschechoslowakei vor die Kameras trat? Und da von Kameras die Rede ist (denn 1989 war unter anderem ein Jahr des Fernsehens): Wer gesehen hat, wie der Gesichtsausdruck des rumänischen Diktators Ceauşescu während der von seinen Agenten am 21. Dezember organisierten Massenversammlung allmählich zerfiel, als die Versammlung sich während seiner Rede in eine empörte Protestdemonstration gegen ihn verwandelte, wird für alle Zeiten wissen, was es bedeutet, daß die Herrschenden ihre Nerven verlieren, bevor das Volk seinen eigenen Weg findet.

Ich brauche Sie nicht an die Abfolge der Ereignisse in jenem wunderbaren Jahr 1989 zu erinnern. Ohnehin hat deren erinnernswerte Geschichte in der Person von Timothy Garton Ash einen Chronisten gefunden, bei dem sich Leidenschaft und Durchblick in seltener Weise verbinden. (Sein Rat hat mir bei der Vorbereitung dieser Antworten auf Ihre Fragen geholfen.) In seinem Buch »Ein Jahrhundert wird abgewählt« setzt er der »Revolution von '89«, wie er sie in Warschau, Budapest, Berlin und Prag erlebt hat, ein dauerndes Denkmal.[2] War es wirklich eine Revolution? Die Frage mag akademisch scheinen, von Interesse eher für Hochschulseminare als für die Betroffenen. Garton Ash selbst hat den Begriff *Refolution* für die Veränderungen in Warschau und Budapest geprägt, denn sie waren im Kern *Ref*ormen von oben als Antwort auf den Druck der Rev*olution* von unten.[3] Allerdings spricht er ohne zu zögern von den »Revolutionen« in Prag, Berlin und Bukarest. Offenkundig haben die Ereignisse von 1989 Wandlungen hervorgebracht, die sowohl außerordentlich rasch abliefen als auch die alten Strukturen sehr gründlich durcheinanderschüttelten (und das ist eine Definition der Revolution). Am Ende führten sie zum Legitimitätsverlust einer herrschenden Klasse, zur Ersetzung der meisten ihrer führenden Mitglieder und zugleich zu einer weitgehenden Umwälzung der politischen und sozialen Verfassung.

In der Regel kommt es nicht darauf an, was für Namen wir historischen Ereignissen geben. In diesem Fall indes hat das »Akademische« eine beträchtliche praktische Bedeutung. Crane Brinton hat uns durch den Vergleich der Ereignisse in England 1688, in Amerika 1776, in Frankreich 1789 und in Rußland 1917 gelehrt, daß Revolutionen ihre eigene »Anatomie« besitzen.[4] Nicht nur ihr Kausalhintergrund, sondern auch ihr Verlauf läßt sich nachzeichnen. Sie beginnen allesamt mit Flitterwochen, nachdem der Sieg der Opposition zum alten Regime ohne ernsthaftes Blutvergießen errungen worden ist. »Der Weg ist offen für die Wiedergeburt, über die Menschen so lange geredet, die sie so lange erhofft haben.« Brinton zitiert Wordsworth:

Frankreich, auf goldnen Stunden stolz erhoben,
und neu geboren scheint die menschliche Natur.

Nicht alle teilten dieses Empfinden, insonderheit nicht der Autor, von dem in diesem Brief noch häufiger die Rede sein wird, Edmund Burke. Aber in den betroffenen Ländern waren die Flitterwochen eine Zeit des Jubels. Sie waren auch kurz. Manche Aussagen von Brinton haben heute einen unheilschwangeren Klang: »In der Anfangsphase und zu dem kritischen Zeitpunkt, an dem das Kräftemessen beginnt, sieht das alte Regime sich einer festgefügten Opposition gegenüber. [Aber] tatsächlich besteht die Opposition aus unterschiedlichen Gruppen und ist niemals völlig die Vereinfachung, das ›geeinte Volk‹.« Das wird alsbald deutlich, wenn die »Herrschaft der

Gemäßigten« beginnt. Jetzt zerfällt nämlich die alte Opposition; es gelingt ihr nicht wirklich, die Aufgabe der Schaffung einer neuen Verfassung mit der des Regierens zu verbinden; Radikale bringen die Meinung in Umlauf, daß die Gemäßigten die Revolution verraten haben und nicht weit genug gehen. Wenn es den Gemäßigten nicht gelingt, die Dinge in den Griff zu kriegen, spüren die Extremisten, daß ihre Stunde gekommen ist. Sie sind eine Minderheit, aber wohlorganisiert und kampfbereit. Am Ende stürzen sie die eher rührenden als effektiven Gemäßigten, und es beginnt »die Herrschaft des Terrors und der Tugend«. Sie ist fürchterlich. Wenn der Thermidor ihr ein Ende setzt – etwa durch den Fall von Robespierre im Juli 1794, der normalere, wenngleich schwerlich angenehmere Verhältnisse schafft, Napoleon nämlich, so wie 130 Jahre später in Rußland Stalin –, dann haben Gesellschaften die Grenzen ihrer Leidensfähigkeit erreicht. Diktatoren übernehmen eine Szenerie des Niederganges, der Zerstörung und der Demoralisierung.

Manche haben bezweifelt, ob Crane Brintons düstere Analyse auch nur für »seine« Revolution zutrifft, und vor allem für die »glorreiche Revolution« in England und die revolutionären Akte, aus denen die Vereinigten Staaten von Amerika hervorgegangen sind. Edmund Burke verficht beredt die These, daß es 1688 eben darum ging, eine Revolution wie die französische von 1789 zu verhindern, und George Washington war schwerlich ein Napoleon, geschweige denn ein Stalin. Manche Parallelen der Anatomie sind nichtsdestoweniger 1989 und 1990 unverkennbar. Eine Zeitlang, auch wenn dies manchmal eine kurze Zeit blieb, waren Oppositionsgruppen wie Solidarność in

Polen, das Bürgerforum in der CSFR, das Neue Forum in der DDR, ja Ökoglasnost in Bulgarien und das frühe Komitee für Nationale Rettung in Rumänien in sich geeint. Sie wollten ein altes Regime beseitigen, und das taten sie auch. Aber die Flitterwochen dauerten nicht. Sie konnten nicht dauern. Als der gemeinsame Feind verschwunden war, kamen normalere Unterschiede innerhalb der bisher vereinigten Oppositionsgruppen zum Vorschein, wie städtische und ländliche Solidarność und andere christlich-demokratische, auch nationalistische Gruppen, oder die politischen Parteien, die an die Stelle des Neuen Forums in der DDR traten und bald an die des Bürgerforums in der Tschechoslowakei treten werden. Zudem verändert der plötzliche Umgang mit der Macht das Gesicht der Dinge. Regierung verlangt andere Talente als Opposition, auch andere Tugenden, eine praktische »Verantwortungsethik« statt der reinen »Gesinnungsethik«. Es hilft dabei nicht, daß die Beseitigung des alten Regimes ein Vakuum hinterläßt. Zum Unterschied von den Gewinnern einer demokratischen Wahl müssen die Führer einer Revolution bei null anfangen. Es ist schön und gut, sich durch Wahlen legitimieren zu lassen und gewisse Verfassungsregeln der Kontrolle der Macht zu akzeptieren, doch ist mit dem Monopol der Partei die gesamte Verwaltungsstruktur zusammengebrochen. Wer entläßt und ernennt Beamte auf allen Ebenen, und wo finden sich die neuen Leute? Wie werden Steuern erhoben? Wie läßt sich eine neue Eigentumsordnung praktisch durchsetzen? Auf welche Weise bringt man neue Lehrpläne in die Schulen? Sie haben gefragt, was an die Stelle der demontierten Strukturen von gestern tritt, und die

Antwort lautet, daß es am Anfang kaum mehr gibt als die Begeisterung und die Hoffnung.

Brinton ist nicht sehr nett zu den Gemäßigten, die während der revolutionären Flitterwochen ans Ruder kommen. Ihr Versagen, so argumentiert er, ist weniger eine Tragödie als ihre eigene Schuld; es fehlt ihnen der Mut, die eigenen Überzeugungen entschieden zu verfechten. »Sie gebrauchten große Worte in großartiger Weise, um ihre Zuhörer und sich selbst zu trösten und zu erfreuen. Aber sie glaubten nicht, was sie sagten, so wie die Radikalen es glaubten; sie hatten nie die Absicht, die Worte im Handeln bis zu deren logischer Konsequenz zu verfolgen.«[5] Irgendwie klingt das nicht ganz richtig, wenn man an Präsident Havel oder an Ihren Ministerpräsidenten und seinen Finanzminister Balcerowicz denkt. Dennoch kennzeichnet der Kollaps des Machtzentrums eine Reihe von postkommunistischen Ländern Europas. Sie haben zwar die monopolistische Partei, die Staatspolizei, die Ansprüche der Nomenklatura und natürlich die immer gegenwärtige Gefahr der sowjetischen Intervention abgeschüttelt, aber mit wenigen Ausnahmen nicht viel mehr als gute Absichten an deren Stelle gesetzt. Auch aus diesem Grunde tauchen alte regionale, ethnische, religiöse Rivalitäten erneut auf, und neue Spaltungen drohen die einheitlichen Zielsetzungen zu zerstören, die den Wandel bewirkten.

Demokratie im Sinne der Forderung, das Volk solle entscheiden, kann dieses Vakuum nicht füllen. »Wir das Volk« können uns erheben gegen ein Schauerregime der Ausbeutung und Unterdrückung, aber »wir das Volk« können nicht regieren. Die demokratische Illusion, der zufolge es so etwas gibt wie die Regierung des Volkes, war immer schon eine Einladung an Usurpatoren und neue Monopole. Hüten Sie sich vor den Irrtümern einer früheren Generation von Männern wie Robert Michels! Er gehörte zu denen, die glaubten, daß der Sozialismus alles anders machen würde, einschließlich der Herrschaft der wenigen über die vielen. Dann entdeckte er, daß sozialistische Parteien die gleiche Tendenz zur Herrschaft von Minderheiten haben wie alle anderen. In seiner Verzweiflung formulierte er (zuerst 1911 und mit beträchtlichen Anleihen bei einem früheren Werk von Ostrogorski) das »eherne Gesetz der Oligarchie«: »Wer Organisation sagt, statuiert eine Tendenz zur Oligarchie.«[6] Infolgedessen verzweifelte Michels zuerst an sozialistischen Parteien, dann an der menschlichen Natur, und verfiel am Ende dem faschistischen Führerkult als Ausweg, sei es auch dem von Mussolini und nicht Hitler. Die Wahrheit des »ehernen Gesetzes« ist jedoch kein Grund zur Verzweiflung. Es kommt darauf an, die Herrschenden zu kontrollieren und in ihre Schranken zu weisen, sie zudem hin und wieder mit friedlichen Mitteln wie Wahlen abzulösen. Herrschende Gruppen sind indes nötig. Demokratie ist eine Regierungsform und nicht ein Dampfbad des Volksempfindens. Sie braucht diejenigen, die die Initiative ergreifen, ebenso wie die, die offenbare Irrwege der Politik aufhalten und die Anmaßung der Macht verhindern.

Daß die Euphorie von 1989 im Jahre 1990 einer nüchterneren Stimmung Platz machen würde, kann nicht überraschen. Die Mauer zu öffnen, dann zu zerbrechen und schließlich ihre Stücke für harte Währung zu verscherbeln ist eine herrliche und sogar lukrative Erfahrung, aber eine neue Stadt zu bauen verlangt einen hohen Zoll an Gefühlen, Kräften und Mitteln. Überdies wird es riskant, wenn die Geschichte sich verlangsamt. Ein Auto bei Glatteis fahren ist möglich, solange die Straße schnurgerade verläuft und man nicht den Gang wechseln muß. Da kann man sogar ziemlich schnell fahren, und die Revolution von 1989 kannte keinerlei Beschränkungen der Geschwindigkeit. Jetzt aber wird die Straße kurvenreich, und wir kommen in dichteren Verkehr; wir müssen den Gang wechseln. Es verlangt ungewöhnliche Fahrkunst, nicht ins Schleudern zu geraten, mit anderen zusammenzustoßen oder ganz von der Straße abzurutschen.

Lassen Sie mich solche Zweifel noch eine kleine Weile zurückhalten, um von den Erfolgen des Jahres 1989 zu reden. Einer darunter ist vor allem bemerkenswert, hätte ich doch ohne ihn diesen Brief nicht einmal beginnen können. Sein Name ist die Wiedervereinigung der Sprache. André Fontaine, der nachdenkliche Herausgeber von *Le Monde* hat von den drei Vereinigungen gesprochen, die wir jetzt erleben: der Wiedervereinigung Deutschlands, die Ihnen, wie ich weiß, mehr Kopfschmerzen als Vergnügen bereitet; der Wiedervereinigung Europas, die im Zentrum meiner Antworten auf Ihre Fragen steht; und »einer Wiedervereinigung in der Sprache«.[7] Fontaine erinnert uns an »die hohlen Phrasen der Vergangenheit«, die vielen Dialoge zwischen Tauben, den Austausch von Platitüden in politischen Verhandlungen, wissenschaftlichen Konferenzen und sogar persönlichen Begegnungen. Er hätte auch auf die absurden Versuche hinweisen können, eine ausgeglichene Bilanz der Systeme zu errechnen: Ihr habt keine Zensur, aber dafür haben wir keine Arbeitslosigkeit.

Soziale Rechte wiegen das Fehlen politischer Rechte auf. – Dies alles wird auf einmal weggefegt wie ein schlechter Traum durch das klare Licht des Tages. Fontaine berichtet von einem Ost-West-Seminar mit Dissidenten, Emigranten und solchen, die in ihren Akademien und Instituten geblieben waren, »und alle verwendeten die gleichen Wörter und Begriffe und sprachen von den gleichen Dingen«.

Die Wiedervereinigung der Sprache bringt die Geschichte, von der hier die Rede sein soll, auf den Begriff. Zwei Systeme, die auf zwei Weltbildern beruhten, brauchten zwei Sprachen. Wie führte doch George Orwell seine Neusprache ein? »Der Zweck der Neusprache war es nicht nur, ein Medium für den Ausdruck der angemessenen Weltauffassung und Geisteshaltung der Anhänger von [der herrschenden Ideologie] Ingsoc zu liefern, sondern alle anderen Denkweisen unmöglich zu machen.«[8] Durch die Hinnahme der Tatsache, daß die andere Seite ihre eigenen Begriffe und Formulierungen verwendet, wurden beide Systeme stabilisiert. Solange die beiden Sprachen Bestand hatten, würde sich nichts verändern. Wir hatten uns daran gewöhnt, daß auch wertgeladene Begriffe wie Demokratie oder Menschenrechte auf den beiden Seiten des Eisernen Vorhanges Unterschiedliches bedeuteten. So versuchte man, zwischen den Zeilen zu lesen, auf kleinste Nuancen zu horchen, um Zeichen des Wandels zu entdecken, auf lange Spaziergänge am Strand oder auch im Wald zu gehen, und doch kam in aller Regel nicht mehr heraus als eine gestelzte gemeinsame Erklärung. Abstand mußte betont werden. Manche lasen meine Bücher, aber sie kommentierten diese nie, ohne mich einen »bürgerlichen

Autor« zu nennen, und viele auf dieser Seite des Zauns fanden analoge Adjektive für Autoren von der anderen Seite nötig. Das alles ist plötzlich wie weggeblasen. Wir treffen uns, und wir reden miteinander, wie wir das überall tun würden. Wir brauchen vielleicht Dolmetscher, aber wir brauchen das nicht mehr, was Orwell die »ideologische Übersetzung« nannte. Daraus folgt aber, daß die Sprache nicht mehr dazu herhalten muß, zwei Systeme zu stabilisieren. Gespräch und Diskussion können zur Veränderung von Meinungen führen. Wir sind in eine Zeit der Veränderung eingetreten. Eine schlimme Mauer ist zerbröckelt, und wir sind dabei, ihre Reste gänzlich abzutragen.

Wie ist das geschehen? Warum hat die Revolution stattgefunden? Und warum hat sie 1989 stattgefunden? Viele Gründe lassen sich anführen, manche sind naheliegend, manche entfernter. »Es mußte erst eine Generation kommen, die nicht wußte, daß es unmöglich war«, sagte einer Ihrer Landsleute mit einem klugen Paradox. Die Älteren waren von den Erfahrungen von 1956 und 1968 und anderen, alltäglicheren Protesten entmutigt; die Jungen versuchten es, weil sie nicht wußten, daß es unmöglich ist, monopolistische Regimes zu beseitigen, und so beseitigten sie diese. Jedes Land in Ostmitteleuropa hat seine eigene Geschichte und politische Kultur. Eine der Freuden von 1989 ist die Wiederentdeckung dieser Unterschiede. So verdient jedes Land seine eigene Erklärung. Am Ende der vielen Einzelerklärungen bleiben indes drei Konstellationen, um nicht zu sagen Ursachen, die alle kommunistischen Länder Europas beschreiben.

Die erste hat einen Namen, Michail Gorbatschow. Sie

mögen sich wundern, daß ich ihn nicht schon früher erwähnt habe. Ein Grund dafür liegt darin, daß das europäische Haus, das Sie und ich zu unserem gemeinsamen Heim machen wollen, dort endet, wo die Sowjetunion (oder was immer ihr nachfolgt) beginnt. Das ist eine folgenreiche Aussage, die noch zu begründen sein wird. Doch soll sie nichts wegnehmen von der Rolle Gorbatschows in den Ereignissen von 1989. Sie hätten nicht zu dem Zeitpunkt und in der Form der *Refolution* oder sanften Revolution stattgefunden, wenn es nicht diesen Präsidenten der Sowjetunion und seinen bemerkenswerten Ansatz gegeben hätte. Was Ostmitteleuropa betrifft, so läßt dieser Ansatz sich am besten in den Worten von Gorbatschows außenpolitischem Pressesprecher, dem immer wachen und witzigen Gennadij Gerassimow, resümieren. Als dieser am 25. Oktober 1989 im amerikanischen Fernsehen gefragt wurde, ob die Sowjetunion noch der Breschnew-Doktrin anhänge, der zufolge widerspenstige Bündnispartner mit militärischer Intervention bedroht werden, führte er in seiner Antwort (einer Eingebung des Augenblicks folgend?) die Sinatra-Doktrin ein: »Sinatra hatte einen Song, ›Ich tat es auf meine Art . . .‹ (*I did it my way*). So entscheidet jedes Land in seiner eigenen Art, welchen Weg es nehmen will.« Tatsächlich ist Sinatras Song eine eher traurige Ballade von einem alternden Schauspieler und seinem »Letzten Vorhang«, »wenn das Ende naht«, aber darauf kommt es nicht an. Die Ostmitteleuropäer tun »es« in ihrer Art. Dieses »es« hat zwei Aspekte. Der eine liegt darin, daß die sowjetische Armee nun nicht mehr interveniert, wenn Bündnispartner ihren eigenen Weg gehen; der andere darin, daß die sowjetische Partei nicht mehr auf dem Monopol der kommunistischen Parteien dieser Länder beharrt. Das bedeutet nichts anderes als die Entlassung der Satelliten in die Unabhängigkeit (obwohl die Doktrin leider auf die baltischen Republiken und andere Teile der Sowjetunion keine Anwendung findet).

Warum hat Gorbatschow diese Position eingenommen? Was bewegt ihn überhaupt? Ein Wissenschaftler, der seine Karriere von den frühen Anfängen verfolgt und Gorbatschows einzigartige Bedeutung schon vor seiner Bestellung zum Generalsekretär vorhergesehen hat, Professor Archie Brown, hat verschiedene Gorbatschow-Theorien untersucht. Seiner Meinung nach trifft es zu, daß Gorbatschow im Amt rasch dazugelernt hat; es stimmt auch, daß er seine Macht systematisch vergrößert hat; überdies wurde er zum Teil unzweifelhaft von der Wucht der Ereignisse überrascht; aber die kritische Tatsache liegt doch in seiner geistigen Grundhaltung: »Eines der wichtigsten Merkmale von Gorbatschow ist ein relativ offener Geist . . . Gorbatschow ist der pragmatischste Führer in der sowjetischen Geschichte, doch bedeutet das nicht, daß er prinzipienlos wäre. Die heutige Sowjetunion – mit all ihren Problemen – ist eine viel offenere Gesellschaft als das Land, dessen Führung er übernahm. Und in dieser Hinsicht zumindest entsprach die Entwicklung seinen Absichten.«[9] Es ist nicht zu weit hergeholt zu behaupten, daß Gorbatschow vor allem bislang verschlossene Türen geöffnet hat. Er hat gehofft, daß diejenigen, die sie nun durchschreiten, einen Weg gehen, auf dem er sie gerne sehen würde, das heißt wahrscheinlich den einer Art von »demokratischem Sozialismus«, aber zunächst kam es ihm vor allem darauf an, die Türen in eine offene Zukunft aufzuschließen.

Ebendies leistet die Sinatra-Doktrin. Sie erinnert mich an die liberale Auffassung Friedrichs des Großen von Preußen im 18. Jahrhundert: »Ein jeder soll nach seiner Façon selig werden.« Manche wählten die katholische, andere die protestantische, die jüdische oder sogar die agnostische »Façon«. In Ostmitteleuropa bestand der erste Schritt überall in der Aufhebung des Monopols der kommunistischen Partei und in der Ermutigung von politischen Alternativen. Das war in der Tat die Revolution von 1989, und vieles andere folgt daraus.

Woher kommt der starke Druck zur Beseitigung der Monopolposition der Staatspartei? Aus der Tatsache, daß der Kommunismus nie funktioniert hat. Zumindest in Ostmitteleuropa war er ein aufgezwungenes Regime der Unterdrückung, das von Anfang an Widerstand und gewaltsame Auseinandersetzungen hervorgerufen hat. 1953 in Ostdeutschland, 1956 in Ungarn, 1968 in der Tschechoslowakei, 1980 in Polen waren keine Episoden; sie waren sämtlich den nun zum alten Regime gewordenen Herrschaftsstrukturen immanente Proteste. Das ist keine nachträgliche Entdeckung. Wenige haben die dramatische Abfolge der Veränderungen von 1989 vorhergesehen; aber viele haben erwartet, daß solche Wandlungen irgendwann einmal eintreten. In meinem Buch über »Soziale Klassen und Klassenkonflikt« habe ich 1959 geschrieben, daß »eine Neigung zu gewaltsamem Konflikt und plötzlichem Wandel totalitäre Länder in jeder Phase ihrer Entwicklung begleitet«.[10] Konflikt läßt sich unterdrücken. Diese Unterdrückung kann sogar einigermaßen wirksam sein, wenn nämlich gewisse Sicherheitsventile geschaffen werden (ich erwähnte zum Beispiel die häufigen »Versammlungen« und

»Diskussionen« sowie die Mechanismen der Mobilisierung in kommunistischen Ländern). Aber am Ende wird sie scheitern. »Unterdrückung untergräbt ihre eigenen Ziele: totalitäre Regierungen laufen in dem Maße ›Gefahr‹, gewaltsam beseitigt zu werden, in dem sie sich auf Unterdrückung als Methode der Konfliktbewältigung verlassen.« Dies erklärt Ceauşescus Rumänien, wenn auch nicht unbedingt die übrigen Länder Ostmitteleuropas. Nach einem Jahr in der Sowjetunion hat Ernest Gellner unlängst auf ein eigentümliches Dilemma für die Ideologie von Gorbatschows Perestroika hingewiesen. Insoweit diese Ideologie überhaupt noch wirksam ist, liegt die offizielle Linie im Festhalten an der Oktoberrevolution und dem Erbe Lenins als der »legitimen Orthodoxie«. Indes folgte den frühen Jahren der Sowjetunion nicht nur eine, sondern es folgten gleich zwei »Usurpationen und Perversionen«. »Die erste davon waren natürlich der Stalinismus und der Persönlichkeitskult mit ihrer totalen Willkür. Die zweite war die Periode der Stagnation, gekennzeichnet durch bürokratische Starre, Korruption, Zynismus, und immer noch ohne Demokratie und Rechtsstaat, wenngleich nicht mehr so massiv stalinistischer Exzesse schuldig.«[11] Stalinismus und Breschnewismus sind, mit anderen Worten, verschieden. Ersterer läßt sich wohl als totalitär beschreiben; er ist auf einen Führer und seine fixen Ideen zugeschnitten und folgt dem Weg der permanenten Revolution und des Terrors bis hin zur endlichen Katastrophe. Der andere ist demgegenüber autoritär. Sein Hauptmerkmal ist eine Nomenklatura, deren Positionsinteressen sie zur Ausbeutung aller übrigen um den Preis der Stagnation und des Niederganges führen. Unterdrückung wird zur Zementierung der Macht dieser recht großen herrschenden Gruppe benutzt, die mit ihren Familien und Bediensteten an die zehn Prozent der Bevölkerung der kommunistischen Länder umfaßt haben mag. Im Gegensatz zum Totalitarismus indes verlangt autoritäre Herrschaft weder ein Terrorregime noch auch nur die ständige Mobilisierung aller. Solange Menschen den Mund halten und sich in Nischen der Privatheit zurückziehen, aber öffentlich alles tun, was von ihnen verlangt wird, werden sie zwar herumgeschubst und manchmal belästigt, aber nicht mit der systematischen Willkür totaler Herrschaft verfolgt.

Totale Herrschaft gebiert Gewalt, aber auch Stagnation führt am Ende zu Wandlungen von unkontrollierbarem Tempo und Tiefgang. Als ich 1975 über »Die neue Freiheit« schrieb, war meine These, daß Revolten und Aufstände »endemisch sind in Gesellschaften, in denen es den am Fuß der sozialen Pyramide Stehenden einschließlich der Arbeiterschaft nicht besser geht als anderswo, der Platz des Kapitals von einer neuen Klasse politischer Bürokraten eingenommen wird, und an der Stelle von Tarifverhandlungen und Streiks oder Wahlen und Regierungswechseln komplizierte Verfahren ungewollter Anpassungen stehen, die jeden Augenblick zusammenbrechen können«.[12] Ohne Sicherheitsventile (so lautete seinerzeit meine Argumentation) müssen latente Konflikte manifest werden, vor allem wenn die Expansion, das Wirtschaftswachstum, aufhört. Noch einmal dreizehn Jahre später, wenige Monate vor dem Ausbruch der Revolution von 1989, schrieb ich erneut in »Der moderne soziale Konflikt«, daß die »bleierne Mischung von Autokratie und Bürokratie«, die wir »real existierenden Sozialismus« nennen, nicht dauern kann. »Für die Mehrheit ist der real existierende Sozialismus eine ziemlich reine Form dessen, was er überwunden zu haben vorgibt, der Ausbeutung, außer daß das Regime in Wirtschaftsfragen hinlänglich inkompetent ist, um sicherzustellen, daß es nicht sehr viel auszubeuten gibt.«[13] Ein Buch habe ich leider nicht geschrieben, obwohl ich schon in der Mitte der siebziger Jahre mit dem Plan umging. Es sollte den Titel *1989* tragen und zeigen, daß auch Orwells Welt von *1984* nicht dauern kann. Ich wollte, ich hätte es geschrieben, obwohl die Befreiung von Winston Smith aus den Fängen des Großen Bruders fast noch schwieriger ist als die der rumänischen Intellektuellen aus denen von Ceauşescus Securitate.

Das führt zur dritten Erklärungslinie für die Ereignisse von 1989. Gorbatschow hat die Tür geöffnet; unterdrückte Konflikte mußten explodieren; und die seltsame Geschichte der achtziger Jahre lieferte die Lunte zum Pulverfaß. Ein italienischer Journalist stellte mir die Frage: »Wie kommt es, daß ausgerechnet das unsozialste Jahrzehnt der jüngeren Geschichte den Westen für den Osten so attraktiv gemacht hat?« An dieser Frage ist manches falsch, doch stimmt es, daß die reichen Länder der Welt ein Jahrzehnt spektakulären Wirtschaftswachstums erlebt haben, ohne sich viel um die Benachteiligten und die Schwachen zu kümmern, die draußen vor der Tür geblieben sind. Die Mehrheit hat ihre Lage in diesen Jahren beträchtlich verbessern können, wenn auch nicht in allen Ländern gleich markant, so doch in nennenswertem Maße in fast ganz Westeuropa, Nordamerika und Japan.

Ein Aspekt dieser Wiedergeburt ist für Sie ebenso wichtig wie für uns: Europa hat sein Selbstvertrauen wiedergewonnen. Es ist noch nicht gar so lange her, seit alle Welt von »Europessimismus« und »Eurosklerose« sprach. Viele waren bereit, den alten Kontinent abzuschreiben. Aber irgendwie, fast wie durch ein Wunder – oder war es das Werk des Präsidenten der Europäischen Kommission, Jacques Delors, und der Einheitlichen Europäischen Akte? – gewannen Idee und Realität Europas neuen Schwung. Die Europäische Gemeinschaft setzte sich ein neues Ziel, nämlich die Verwirklichung des Gemeinsamen Marktes mit seinen »vier Freiheiten« des Austausches von Waren, Dienstleistungen, Kapital und Menschen bis zum Ende des Jahres 1992. Mit der neuen Zielsetzung wandelte sich die Grundstimmung, und man begann, von entfernteren Horizonten zu reden, der Wirtschafts- und Währungsunion, der engeren Zusammenarbeit in den Bereichen der Außen- und Verteidigungspolitik.

Das alles war zum Teil eine Antwort auf unsere eigene, westliche Version des Breschnewismus, die Stagnation oder, schlimmer noch, Stagflation der siebziger Jahre. Mancur Olson beschäftigte sich mit dem Thema (in seinem Buch über »Aufstieg und Niedergang von Nationen«[14]) und kam zu dem Schluß, daß uns nur ein Krieg oder eine Revolution aus dem Schlamassel befreien könne; nach Lage der Dinge schafften neoliberale Regierungen der Rechten und der Linken das Kunststück auf friedliche Weise, insoweit Regierungen je für wirtschaftlichen Aufschwung Verantwortung beanspruchen können. Schumpeters Jahrzehnt (wie man es im Kontrast zu den voraufgehenden Keynes-Jahrzehnten nennen kann) sah die

Wiedergeburt des Unternehmers mit all seinen schöpferischen und zerstörerischen Fähigkeiten.

Der Preis war hoch, und er ist erwähnenswert, weil Sie ihn möglicherweise auch noch bezahlen müssen, zusammen mit uns, die wir in den glücklicheren Teilen Europas leben. Ein Teil des Preises ist in der Tat sozial. In den meisten OECD-Ländern ist eine Unterklasse von Langzeitarbeitslosen und Dauerarmen entstanden, die unsere Werte in Frage stellt, ja das Gefüge unserer Gesellschaften gefährdet. Die höchsten Kosten des Jahrzehnts könnten sich indes als teils ökonomisch und teils moralisch erweisen. Die achtziger Jahre waren ein Jahrzehnt des »Kasino-Kapitalismus«[15]. Geld wurde eher mit Geld als durch die Schaffung bleibenden Wohlstandes verdient. Die Aktienkurse an den großen Börsen der Welt zum Beispiel zeigten kaum eine klare Relation zu wirklichen Wachstumsprozessen, und die Börsenkräche von 1987 und 1989 dürfen mit Fug bloße Launen genannt werden. Überdies wurde das Wachstum zum guten Teil durch private und öffentliche Verschuldung angetrieben. In den Vereinigten Staaten ist das Resultat schon jetzt zu einem Hauptthema der öffentlichen Beunruhigung geworden. Das alles hat nicht gerade zur moralischen Kraft und Integrität der OECD-Gesellschaften beigetragen. Geldgier, Betrügereien und kurzfristiges Denken sind nur allzu häufig an die Stelle von Sparsamkeit, ehrlichem Geschäftsgebaren und einer längerfristigen Perspektive getreten, von der Sorge für andere ganz zu schweigen.

Der Westen ist also keineswegs so rosig, wie Sie ihn in unserem Gespräch auszumalen neigten. Doch wird nunmehr erkennbar, daß das Jahrzehnt des neuen Wachstums in der OECD-Welt für die Comecon-Länder eines der fortdauernden Stagnation, ja des Niederganges war. Die verfügbaren Wirtschaftszahlen sind nahezu wertlos. Wir wissen jetzt, daß es in den kommunistischen Ländern keine ordentliche volkswirtschaftliche Gesamtrechnung gab und gibt. Internationale statistische Instanzen waren zudem viel zu leichtgläubig im Akzeptieren von fabrizierten Informationen der Oststaaten. Die Deutsche Demokratische Republik zum Beispiel war bei weitem nicht so fortgeschritten, wie sie uns glauben machen wollte. Das Verhältnis ihres Pro-Kopf-Bruttosozialprodukts zu dem der Bundesrepublik Deutschland betrug jedenfalls nicht, wie manche Statistiken nahelegen, 1 : 2, sondern eher 1 : 5, ja 1 : 7. Dabei zeigen selbst die offiziellen Zahlen für die sechs Länder Ostmitteleuropas ein ziemlich miserables Bild für die Jahre von 1980 bis 1988, mit langsamem Wachstum der Exporte und noch langsamerem der Importe, in vielen Fällen hoher Verschuldung und einem höchst bescheidenen Pro-Kopf-Bruttosozialprodukt, von den Realeinkommen ganz zu schweigen.

Was wir vor der Wiedervereinigung der Sprache nicht wußten (obwohl wir es hätten wissen können, wenn wir den unabhängigen Stimmen »aus dem Untergrund« aufmerksamer zugehört hätten), war das Ausmaß der physischen, sozialen und moralischen Verrottung der Länder des kommunistischen Europa. Der Eindruck drängt sich auf, daß eine zunehmend verängstigte Nomenklatura jeden Pfennig aus ihren Ländern herausgepreßt hat, ohne in die Zukunft zu investieren oder sich auch nur um die Elementarbedürfnisse der Menschen zu kümmern. Häuser und Wohnungen verfielen zusehends. Öffentliche Einrichtungen verlangen heute gigantische Summen zur Reparatur, wenn nicht zum totalen Neuaufbau. Die vielgepriesenen Sozialleistungen erweisen sich vielfach als primitiv und unzulänglich. Zu alledem kam noch eine »Kultur der Vorspiegelung«, wie George Kennan sie genannt hat, also des So-tuns-als-ob. Obwohl niemand mehr an die Staatsideologie glaubte, wurde sie doch in den Schulen gelehrt, und Millionen sahen sich Tag für grauen Tag dem sauren Regen einer vergammelnden Neusprache ausgesetzt. »Wenn ein gegebenes Regime nicht mehr weitermachen kann, ohne sich auf eine umfassende Vorspiegelung einzulassen, die es mit seinen Untertanen teilt, wobei die Künstlichkeit dieser Vorspiegelung beiden Seiten völlig evident ist, dann muß sein schließlicher Zusammenbruch als unausweichlich und vermutlich unmittelbar bevorstehend gelten, selbst wenn niemand weiß, wann und wie er genau eintreten wird.«[16]

In den fünfziger und sechziger Jahren sind die Volkswirtschaften des Westens rasch und kräftig gewachsen, während die des Ostens ihnen langsamer folgten; immerhin bewegten sich beide in die gleiche Richtung. In den achtziger Jahren haben sie sich in entgegengesetzte Richtungen bewegt, bis am Ende der Widerspruch unerträglich wurde. Je weiter die Demoralisierung bei Osteuropäern um sich griff, desto attraktiver schien das neuentdeckte Selbstvertrauen des westlichen Europa. Je mehr sich die öffentlichen und privaten Lebensverhältnisse im Osten verschlechterten, desto mehr verbesserten sie sich im Westen, und die Menschen wußten das. Man braucht kein Marxist zu sein, um unter solchen Umständen Unbill vorherzusagen. Wer westliche Fernsehsendungen sehen konnte, wußte, daß es die Produktivkräfte für ein besseres Leben gibt, und zwar gleich nebenan; es war daher höchste Zeit, die kommunistischen Produktionsverhältnisse und den gesamten auf ihnen errichteten Überbau zu transformieren. Die Revolution konnte nicht weit sein. Sie kam im Jahr 1989.

Was ist ihr Ergebnis? Sie haben mir diese Frage nicht gestellt. Vielleicht sind Sie davon ausgegangen, daß wir beide die Antwort kennen. Schließlich hat sie uns befähigt, eine gemeinsame Sprache zu sprechen. Doch muß diese Revolution noch mehr bedeuten, wenn sie Hunderttausende auf die Straßen und Plätze gebracht hat. Sicherlich hat sie die Art und Weise verändert, in der wir die Welt, und dabei vor allem das Gleichgewicht der Mächte sehen. Jahrzehntelang haben wir von der Ersten, der Zweiten und der Dritten Welt gesprochen. Wir haben angenommen, daß die Erste und die Zweite Welt um die Dritte konkurrieren, und sei es auch nur, um deren Stimmen in den Vereinten Nationen, denn viel Habhaftes haben beide für die Zurückgebliebenen nicht getan. Schon der Begriff einer Dritten Welt setzt zwei andere voraus. Eine von den beiden ist nun praktisch von der Bühne verschwunden. Es bleibt nur noch eine Welt übrig, die Entwicklung und Hegemonie repräsentieren kann (wie Fidel Castro und ein, zwei andere Relikte der Vergangenheit zu ihrer Bestürzung entdeckt haben). Die Erste und die Zweite Welt werden wiedervereinigt in etwas, das noch keinen Namen hat und auch keine Zahl; vielleicht wird es einfach die Welt.

Mit diesem Prozeß ist ein vielschichtiges, wenngleich durchaus zweifelhaftes Gleichgewicht ins Rutschen geraten. Es gab die Europäische Gemeinschaft (oder vielleicht die OECD) auf der einen Seite und Comecon auf der anderen. Der Nato entsprach der Warschauer Pakt, der Bundesrepublik Deutschland die Deutsche Demokratische Republik. All dies gilt nun nicht mehr, es hat zumindest seine bestimmende Kraft verloren. Ein altes Koordinatensystem muß angepaßt werden. Solche Wandlungen sind zweifellos von Bedeutung. Doch beantworten sie die Frage noch nicht, was denn die Revolution in Europa erreicht hat, außer der Demontage der Strukturen von gestern. Als wir das Thema unter Freunden erörterten, bemerkte der französische Historiker François Furet: »Trotz all dem Lärm und Wirbel ist doch 1989 keine einzige neue Idee aus Osteuropa hervorgegangen.« Furet hat die übertriebeneren Interpretationen der Französischen Revolution auf den Boden der Tatsachen zurückgeholt; so überrascht es vielleicht nicht, daß er dasselbe mit der Europäischen Revolution versucht. Doch steckt in seiner These etwas Richtiges. In ihrem Kern ist die europäische Revolution von 1989 die Absage an eine unerträgliche und, wie wir gesehen haben, unhaltbare Realität und damit zugleich die Bekräftigung alter Ideen.

Die Demokratie ist schwerlich in Ostmitteleuropa im Jahre 1989 erfunden worden, und das gleiche gilt für den Pluralismus. Timothy Garton Ash resümiert, was »wir das Volk« erreichen wollten, und zeigt dabei, daß es der Kommunismus irgendwie »nicht geschafft hat, die Wörter ›Bürger‹ und ›bürgerlich‹ zu vergiften«, und daß Staatsbürgerschaft und bürgerliche Gesellschaft daher Leitgedanken des neuen Weges zur Freiheit werden konnten; doch sind auch dies nicht gerade neue Ideen.[17]

Verdienen Revolutionen ihren Namen erst, wenn sie neue Ideen hervorbringen? Wie neu waren denn die Ideen der Französischen oder der amerikanischen Revolution? Jungfräulich waren sie jedenfalls nicht; man kann Ideen immer in die Geschichte zurückverfolgen; doch haben die beiden Revolutionen den schöpferischen modernen Konflikt in Gang gesetzt, der diejenigen, die mehr Anrechte wollen, mit denen konfrontiert, die ein größeres Angebot bevorzugen, Anwälte der Bürgerrechte und Anwälte des Wachstums, die zusammen und manchmal sogar gemeinsam zur Erweiterung der Lebenschancen aller beitragen. Bei der Revolution in Europa geht es in diesem Sinne nicht um eine neue Idee. Im Gegenteil; Timothy Garton Ash hat es gut ausgedrückt: »Die Ideen, deren Zeit gekommen ist, sind alt, vertraut, erprobt und bewährt. (Es sind die neuen Ideen, deren Zeit vorbei ist.)« Unter allen erprobten und bewährten Ideen ist die wichtigste jene fundamentale Entdeckung der Modernität, die offene Gesellschaft. Menschen sind fehlbar, und wir leben im Horizont der Ungewißheit. Niemand kennt alle Antworten; zumindest kann niemand verbindlich beweisen, ob die gegebenen Antworten richtig sind oder falsch. Daher müssen wir versuchen, die Wahrheit zu finden, aber dafür Sorge tragen, daß, wenn wir uns irren oder andere meinen, daß wir irren, die Möglichkeit offenbleibt, es erneut zu versuchen. Es gibt keine größere Gefahr für die menschliche Freiheit als das Dogma, das Monopol einer Gruppe, einer Ideologie, eines Systems. Zugleich liegt die größte Aufgabe darin, daß wir unsere Angelegenheiten offenhalten für Wandel. Die offene Gesellschaft verspricht kein einfaches Leben. Menschen haben vielmehr einen verderblichen Hang zur

Gemütlichkeit einer geschlossenen Welt. Aber wenn wir vorankommen und uns selbst wie auch die Bedingungen, unter denen Menschen auf diesem Planeten leben, verbessern wollen, dann müssen wir die unordentliche, konfliktreiche, unbequeme, aber stolze und ermutigende Aussicht auf offene Horizonte akzeptieren. »Wir können zu den Tieren zurückkehren. Aber wenn wir Menschen bleiben wollen, dann gibt es nur einen Weg, den Weg in die offene Gesellschaft.«[18] Karl Popper hat alles dazu gesagt.

Karl Popper schrieb »Die offene Gesellschaft und ihre Feinde« während des Zweiten Weltkrieges; das Buch wurde 1945 zuerst veröffentlicht. Sein österreichischer Landsmann, der schon Ende der zwanziger Jahre nach Großbritannien ausgewandert war, Friedrich von Hayek, schrieb und veröffentlichte seine »Wege in die Knechtschaft« fast zur gleichen Zeit.[19] Ich empfehle Ihnen diese Bücher, und sei es nur, weil die Ereignisse von 1989 das Ende einer Epoche markieren, die mit dem Gemisch von Hoffnung und Verzweiflung nach 1945 begann, als die einen die Chancen der Offenheit ergriffen, während die anderen der Knechtschaft erlagen. Beide Autoren sind noch am Leben und können daher die Früchte ihres Wirkens reifen sehen. Sie haben einander seit ihrer Jugend gekannt; beide sind, was vielleicht manche, die jene große Hochschule nicht kennen, überrascht, frühere Professoren der London School of Economics. (Tatsächlich war es Hayek, der Popper aus seinem Exil in Neuseeland befreit und auf Grund des Manuskriptes der »Offenen Gesellschaft« seine Berufung an die LSE betrieben hat.) Obwohl sie wie geistige Geschwister erscheinen mögen, sind die beiden indes durchaus verschieden. Hayek hat eine fatale

Neigung, dem Sozialismus ein anderes System gegenüberzustellen. Das ist zwar ein passives System, aber dennoch in sich verdächtig komplett; sein Autor hat wenig Geduld für die Unordnung der Realität; ich komme darauf gleich noch einmal zurück, schon weil so viele Ihrer Landsleute, zahlreiche Tschechen, Slowaken und noch mehr Ungarn von Hayek sehr eingenommen sind. Popper dagegen ist ein radikaler Verteidiger der Freiheit, des Wandels ohne Blutvergießen, des Versuches und Irrtums, aber auch des aktiven Marsches in das Ungewisse und daher der Menschen, die ihr eigenes Schicksal in die Hand nehmen. Diese Epistel ist zum Lob von Popper, nicht von Hayek verfaßt.

Wer sonst kann uns im gegenwärtigen Zustand Europas helfen? An wen wenden wir uns, um Aufklärung zu suchen? Manche haben die Ereignisse von 1989 mit denen von 1848 verglichen, als ein großer Aufschwung liberalen und demokratischen Empfindens die Völker Europas ergriff, Parlamente geschaffen, alte Annahmen herausgefordert und neue Horizonte erkundet wurden. Indes blieb die Episode kurz, und ihr folgten Jahrzehnte der Reaktion. Zwei große Autoren der Zeit waren bekanntlich Alexis de Tocqueville und Karl Marx. Kein Analytiker sozialer und politischer Ereignisse kann an ihnen vorbeigehen. Dennoch sind sie heute seltsam irrelevant. Vielleicht liegt das daran, daß sie beide nicht eigentlich in ihrer Gegenwart lebten. Tocqueville versuchte, die Revolution zu bewältigen, die seine Klasse 1789 verdrängt hatte, und Marx träumte für immer von der zukünftigen Revolution, die alles ins Lot bringen würde. Wenn es praktisch wird, hat Tocqueville kaum mehr zu lehren als eine Art heroischen

Realismus, der das Unausweichliche mit Anstand erträgt, und die Lehre von Marx ist spätestens 1989 endgültig zu Schaden gekommen.

Wir sind wahrscheinlich besser beraten, wenn wir in die achtziger Jahre des 18. Jahrhunderts zurückkehren und zu dem, was die großen Umwälzungen jener Zeit uns lehren. Als Lehr- und Handbuch der liberalen Demokratie sind die sogenannten »Federalist Papers« der amerikanischen Verfassungsväter unübertroffen.[20] In der Praxis läßt sich ebenso viel lernen vom amerikanischen Beispiel der Unabhängigkeit in Freiheit und des Entwurfes einer Verfassung, die mehr als zweihundert Jahre überdauert hat. Alexander Hamilton hat mehr nützliche Ratschläge zu geben über den Rechtsstaat und James Madison über die bürgerliche Gesellschaft (wie auch viele andere Themen) als die meisten zeitgenössischen Autoren, wenn ihnen überhaupt einer das Wasser reichen kann.

Ja, und dann ist da Edmund Burke, der im Jahre 1790 seine »Betrachtungen über die Revolution in Frankreich« schrieb, »in einem Brief, der an einen Herrn in Paris gerichtet ist«. Burke war zu jener Zeit etwas mehr als sechzig Jahre alt und hatte eine bedeutende, wenn auch nicht unumstrittene öffentliche Laufbahn hinter sich. Die Französische Revolution lag knapp ein Jahr zurück, und noch schien die Herrschaft der Gemäßigten intakt. Burke wußte noch nichts vom Regime des Terrors, vom Thermidor und von Napoleons Machtergreifung, die in den kommenden fünf Jahren folgen sollten. Trotz der oberflächlichen Analogien mag Burke ein unwahrscheinlicher Pate dieses Briefes sein. Seine Epistel ist eine große Polemik gegen die Zerstörung des Zeitalters der Ritterlichkeit; dies ist eine Ode an die offene und die bürgerliche Gesellschaft. Burke schrieb aus Entrüstung und Bestürzung ob der Ereignisse in Frankreich; ich schreibe voller Freude und Hoffnung angesichts der Ereignisse in Europa. Doch teile ich die grundlegenden Überzeugungen des großen Liberalen, der dreizehn Jahre vor den »Betrachtungen« die amerikanische Revolution in seinem *Brief an die Sheriffs von Bristol über die amerikanischen Dinge* unterstützt hatte. Burke war ein Verfechter der bürgerlichen Gesellschaft (»Bürgerliche Gesellschaft ist ein Institut, dessen Essenz Wohltätigkeit ist, und das Gesetz selbst ist nichts anderes als Wohltätigkeit nach einer Regel. Es ist des Menschen Recht, unter dieser Regel zu leben . . .«)[21]; er akzeptierte die Unordnung der Realität (»Die Natur des Menschen ist verwickelt. Die Gegenstände des gesellschaftlichen Lebens sind unendlich zusammengesetzt. Eine einfache Anordnung, eine einseitige Richtung der Kraft stimmt daher weder mit des Menschen Natur noch mit seinen Zwecken überein.«); ihm widerstrebten die Verfechter von Systemen und totalen Umwälzungen (»Für sie ist es ein Krieg oder eine Revolution, oder es ist nichts.«), und er verteidigte daher die größte Annäherung an die offene Gesellschaft zu seiner Zeit, die englische Verfassung.

Der Unterschied zwischen Burkes Brief an den Herrn in Paris und meinem Brief an Sie in Warschau liegt ebenso in der Natur der fraglichen Ereignisse wie im Temperament des Schreibers. Burke wollte die Verfassung Englands nicht zerstört sehen durch den Import von utopischem Dogma. Er mochte den absoluten, ja totalen Charakter dessen nicht, was er in Paris beobachtete. Ich bin dagegen erfreut über die Zeichen einer Offenheit in ganz Europa, die, weit davon, die britische, französische oder deutsche Verfassung zu bedrohen, vielmehr deren Grundsätze bekräftigt und uns glücklichere Europäer aufruft zu helfen – zu helfen bei dem Versuch, die Geschehnisse zu verstehen, und vielleicht auch dabei, die Fundamente der offenen Gesellschaft zu legen.

Hayeks »Wege in die Knechtschaft« waren ein erstaunlich unwirsches Buch angesichts der Versprechungen einer Welt, die daran ging, den Fluch des Nazismus zu bannen. Doch sah Hayek die Dinge anders. Er meinte, daß Großbritannien Gefahr lief, die Ideologie des geschlagenen Feindes zu übernehmen. Zwei Jahrhunderte lang hatten Ideen sich von Großbritannien nach Osten ausgebreitet (so sagte er), aber jetzt beherrschten östliche Winde die Welt der Ideen. Ihr Name war Sozialismus, und »Sozialismus bedeutet Sklaverei«[22]. »Der Aufstieg von Faschismus und Nazismus war nicht etwa eine Reaktion gegen die sozialistischen Tendenzen der vorhergehenden Periode, sondern notwendiges Ergebnis dieser Tendenzen.« Großbritannien hat sie von Deutschland importiert; in der Tat gibt es jetzt »Totalitäre unter uns«. Hayek ging sehr weit bei der Ausmalung dieser These und attackierte nicht nur seinen Kollegen, den LSE-Professor und Labour-Politiker Harold Laski, sondern sagte auch: »Wir sollten nie vergessen, daß Hitlers Antisemitismus viele Leute aus seinem Lande vertrieben oder zu seinen Feinden gemacht hat, die in jeder Hinsicht Totalitäre des deutschen Typs sind.« Jedenfalls war nach Hayeks Meinung die britische Labour Party dabei, zwei Jahrhunderte liberaler und kapitalistischer Überzeugungen zu verraten und einen vorfaschistischen

Zustand des Kollektivismus und der zentralen Planung in Großbritannien einzuführen.

Durch Hayeks ganzes langes Leben hin blieb der Sozialismus, einschließlich des demokratischen Sozialismus, sein rotes Tuch. Mehr als vierzig Jahre nach »Wege in die Knechtschaft« veröffentlichte er 1988 eine weitere Streitschrift unter dem Titel »Die tödliche Anmaßung«.[23] Darin argumentierte er, daß Sozialismus Menschen umbringt. »Die Auseinandersetzung zwischen der Ordnung des Marktes und dem Sozialismus ist nicht weniger als eine Frage des Überlebens. Der sozialistischen Moralität folgen hieße einen großen Teil der gegenwärtigen Menschheit vernichten und den Rest in Verarmung stürzen.« Was ist die Alternative? Die »tödliche Anmaßung« liegt für Hayek in der Überzeugung, »daß der Mensch in der Lage ist, die Welt um ihn herum gemäß seinen Wünschen zu formen«. Hayeks Alternative, der Kapitalismus oder die Ordnung des Marktes, hat einen seltsam untätigen Charakter. Ihr Schlüssel liegt in der Abkehr vom Glauben an die »Machbarkeit« der Welt. »Denn tatsächlich können wir eine Ordnung des Unbekannten nur hervorbringen, *indem wir es veranlassen, sich selbst zu ordnen.*« Die Hervorhebung ist von Hayek; offenkundig wollte er den Punkt betonen. Es gibt »natürliche, spontane, sich selbst ordnende Prozesse«, und unsere einzige Aufgabe im Interesse der Freiheit liegt darin, Spielregeln zu etablieren, die es diesen Prozessen erlauben, den ihnen eigenen Abläufen zu folgen. Jeder Versuch, diese zu beschleunigen oder zu verlangsamen, sie abzulenken oder auf andere Bahnen zu führen, ist falsch, ein Zeichen der Anmaßung, Sozialismus.

So ist die Bühne bereit für die große Schlacht der Systeme, des »natürlichen« Systems des Kapitalismus mit der Ordnung des Marktes und des »anmaßenden« Systems des Sozialismus mit der Planung. Dieser Punkt ist wichtig, und sei es auch nur, weil es in Ihrem Lande und sonst in Ostmitteleuropa viele gibt, die Hayek als die Alternative sehen, die sie nun, da Marx *passé* ist, ergreifen können. Es läßt sich viel Lobendes über den Ökonomen und politischen Theoretiker sagen, der ein Leben lang für die Verfassung der Freiheit gestritten hat, aber im Lob von Hayek liegt auch ein Risiko. Wie Marx kennt Hayek alle Antworten. Er findet es nicht leicht, die ungeordnete Vielfalt der wirklichen Welt zu ertragen. Sein Zorn gilt denen kaum weniger, die ein Stück weit in seine Richtung gegangen sind, ohne sie bis zum bitteren Ende zu verfolgen, als seinen ideologischen Gegnern. Hayek ist ein Alles-oder-Nichts-Theoretiker, was gut und richtig sein mag, solange es um die konstitutionellen Voraussetzungen der normalen Politik geht, aber gefährlich, wenn nicht verderblich wird in der Welt realer politischer Konflikte.

Der Unterschied ist wichtig. Verfassungspolitik hat es mit dem Rahmen der sozialen Ordnung zu tun, mit dem Gesellschaftsvertrag sozusagen und dessen institutionellen Formen; bei der normalen Politik dagegen geht es um die von Interessen und sonstigen Präferenzen bestimmten Richtungen des Handelns innerhalb dieses Rahmens. Die Einrichtung freier und fairer Wahlen ist eine Sache der Verfassungspolitik; die Forderung nach Privatisierung der Stahlindustrie ist eine Sache der normalen Politik. Nicht immer ist die Unterscheidung ganz klar. Manche meinen zum Beispiel, daß das Wahlrecht in die Verfassungssphäre gehört; ich bin nicht dieser Meinung, aber das heißt nur, daß die Grenze zwischen beiden selbst legitimes Thema der Auseinandersetzung ist. Gewiß kann man Hayek in der These zustimmen, daß bestimmte Maßnahmen, die dem Bereich der (»normalen«) Wirtschaftspolitik anzugehören scheinen, tatsächlich eine konstitutionelle Dimension haben. Das gilt offenkundig für die totale Sozialisierung des Privateigentums. In der Tat ist in Großbritannien in den siebziger Jahren argumentiert worden, daß in dem Augenblick, in dem der Staat mehr als 60 Prozent des Bruttosozialprodukts kontrolliert, die Freiheit in Gefahr gerät; wobei die Ziffer offenbar willkürlich ist und die These selbst zu diskutieren wäre.

In Fragen der Verfassungspolitik gibt es keine zwei Wege, oder vielmehr gibt es da nur zwei Wege, nämlich den der Freiheit und den der Unfreiheit, während in der normalen Politik hundert Optionen denkbar sind und in aller Regel drei oder vier zur Auswahl stehen. Die beiden Begriffe befähigen uns, das, was heute im östlichen Mitteleuropa geschieht, noch einmal auf andere Weise zu beschreiben. Die Revolution von 1989 war wie alle Revolutionen eine Periode der Verfassungspolitik. »Demokratie«, »Bürgerrechte« und andere Begriffe, die die Nomenklatura nicht völlig zu vergiften vermochte, haben es mit der Grundübereinkunft der Freiheit zu tun und stehen insofern jenseits der politischen Auseinandersetzung, solange sie nicht zum Thema absoluter und potentiell gewaltsamer Konflikte werden. Revolutionen sind unnormale Zeiten, in denen die normale Politik suspendiert wird. Aber allmählich kehrt die normale Politik zurück. Konstitutionalisten mag das beunruhigen, aber für die

Mehrheit ist es eher eine Wohltat. (Ich kann nicht verhehlen, daß ich selbst vor allem an der Verfassungspolitik interessiert bin, was Ihnen im Verlauf dieses Briefes nicht entgehen wird; dennoch weiß ich natürlich, daß Verfassungen nur die Voraussetzungen für das liefern, worum es beim politischen Geschäft eigentlich geht. Im Grunde wollen die Menschen nicht für das Recht kämpfen, frei ihre Meinung zu sagen oder zur Wahl zu gehen, ihren Beruf oder ihre bevorzugten Konsumgüter zu wählen, sondern sie wollen diese Rechte praktizieren und tatsächlich sagen oder wählen, was sie für richtig halten.) Normale Politik ist unordentlicher als Verfassungspolitik, aber sie ist auch näher am täglichen Leben und daher an der Erfahrung der meisten Menschen.

Dies alles hat es auch mit Hayek zu tun (wie mit manchem sonst in meiner Argumentation). Ich kann Hayek für seine Verfassungspolitik nicht kritisieren und würde das auch nicht versuchen, doch hat er eine unselige Tendenz, alle Politik, und vor allem alle Wirtschaftspolitik, in Verfassungspolitik zu wenden. Wie Hayek habe ich keine Geduld mit denen, die die Grundlagen der Freiheit attackieren, aber im Gegensatz zu ihm finde ich es nicht schwer, diejenigen zu tolerieren, die zum Beispiel dem Staat eine größere Rolle in der Wirtschaftspolitik geben wollen oder einen massiven Transfer von Steuergeldern für soziale Zwecke verlangen, auch wenn ich deren Meinungen nicht teile. Nicht alles, was manchen, oder mir, oder selbst Hayek zuwider ist, hat darum schon Verfassungsrang. Was immer auf diese Ebene gehoben wird, entzieht sich damit den Alltagsauseinandersetzungen der normalen Politik, bis am Ende eine totale Verfassung entsteht, die keinen Raum mehr läßt für Konflikte, eine totale Gesellschaft, ein neuer Totalitarismus. Ein Schlüssel zur Zukunft der neuen Demokratien Europas liegt daher in der Antwort auf die Frage, wie und wo die Grenze gezogen wird zwischen den für alle verbindlichen Regeln und Prinzipien und den Meinungsverschiedenheiten, die innerhalb dieser Regeln ausgefochten werden sollen.

Es überrascht vielleicht nicht, daß Hayeks nahezu totaler Konstitutionalismus ihn dazu führte, den Gang der Dinge noch zum Zeitpunkt der ersten Veröffentlichung der »Tödlichen Anmaßung« im Jahre 1988 mit erbarmungslosem Trübsinn zu betrachten. Man sagt, daß er sogar Margaret Thatcher für eine Verräterin an der reinen Lehre des Hayekismus hielt. Andere, die Hayeks Grundperspektive, wenn auch nicht seine Beharrlichkeit und Gelehrsamkeit teilen, haben die Ereignisse von 1989 mit leichterer Hand und ohne lange zu zögern als den Triumph des Kapitalismus über den Sozialismus interpretiert. Lassen Sie mich ein paar Augenblicke mit dem Beamten des amerikanischen State Department, Francis Fukuyama, verbringen, der seine fünfzehn Minuten des Ruhms (à la Warhol) auf Grund eines recht einfältigen Aufsatzes erlebte, den er im Sommer 1989 unter dem Titel »Das Ende der Geschichte?« veröffentlichte.[24] Die »apokalyptische Ladung« dieses Artikels hat sogar einen Autor in den *Moscow News* dazu veranläßt, Fukuyama mit eher unverdienter Höflichkeit und Zurückhaltung zu erörtern.[25]

Fukuyama sagt, daß er viel von Hegel hält. Die Geschichte hat für ihn ein ganz großes G; »sie« schreitet unaufhaltsam voran auf Pfaden, die nur der Weltgeist kennt, und ob wir sie dort wandern sehen wollen oder nicht.

(Hayek, so bemerkt man, ist Hegel ohne Geschichte, oder plausibler vielleicht, Fukuyama ist in historische Bewegung gesetzter Hayek.) Im 20. Jahrhundert hat die Geschichte seltsame Dinge getan. Sie begann in eher liberaler Verfassung, um ihren Weg dann durch die sozialistische Herausforderung zu komplizieren. Eine Zeitlang konnte es so scheinen, als seien beide gleichwertige Wegkarten der Sozialentwicklung; man sprach sogar von ihrer Konvergenz. Am Ende des Jahrhunderts indes erleben wir »den ungenierten Sieg des wirtschaftlichen und politischen Liberalismus«. Überdies markiert »der Triumph des Westens, der westlichen *Idee*« das »Ende der Geschichte als solcher«, denn es gibt nun keine fundamentalen Antagonismen zwischen Ordnungsbegriffen mehr. Statt dessen beginnen wir die Konturen dessen zu erkennen, was Fukuyama gerne den »universellen homogenen Zustand« nennt, in dem »liberale Demokratie im politischen Bereich verbunden wird mit leichtem Zugang zu Videorecordern und Stereos im wirtschaftlichen Bereich«. (Videorecorder und Stereos! Ich schaudere bei dem Gedanken an Ihre Reaktion, erinnere ich mich doch nur zu deutlich an Ihre Sorge um die Zerstörung der Kultur durch die Konsumgesellschaft.) Gewiß haben nicht alle Gesellschaften diesen Punkt schon erreicht; manche krebsen noch für eine Weile in der Geschichte herum. In einem späteren Artikel legt Fukuyama dar, daß er von denen mißverstanden worden sei, die aus ihm herauslesen, daß nun überhaupt nichts mehr geschehen würde; es stünden noch viele Kämpfe bevor. Aber im Kern ist das Spiel gelaufen. Der Triumph einer Idee gibt nicht nur Anlaß zur Freude. »Das Ende der Geschichte wird eine sehr traurige Zeit sein. Der Kampf um Anerkennung, die Bereitschaft, das eigene Leben für ein ganz abstraktes Ziel einzusetzen, der weltweite ideologische Kampf, der Wagemut, Courage, Phantasie und Idealismus auf den Plan rief, wird nun ersetzt durch wirtschaftliche Kalkulation, das endlose Lösen technischer Probleme, Umweltfragen, und die Befriedigung hochgezüchteter Konsumentenwünsche.« Noch einmal Videorecorder und Stereos, ohne Zweifel. Aber wer weiß? »Vielleicht wird eben diese Aussicht auf Jahrhunderte der Langeweile am Ende der Geschichte dazu führen, die Geschichte wieder neu in Gang zu setzen.« Karikaturen machen ihre Aussage, indem sie die Züge von Menschen bis zur Verzerrung übertreiben, und Fukuyamas Artikel ist die Karikatur einer ernsthaften Argumentation. Man muß bezweifeln, ob er Hegel überhaupt gelesen hat, den er stets auf dem Umweg über Kojève zitiert. Hegels Apotheose des preußischen Staates hätte ihn in Verlegenheit bringen können. Offenbar weiß er wenig über die Welt von heute und noch weniger über die Geschichte. Dennoch steckt in seinem Aperçu eine wichtige These, und sei es nur, weil diese zur impliziten Weltauffassung vieler sowohl in der »kapitalistischen« als auch in der »(post-)kommunistischen« Welt geworden ist. Diese Auffassung ist einfach, und sie ist falsch. Man muß sie widerlegen, um sie zu verwerfen.

Viele Menschen sehen die letzten vierzig Jahre als einen großen Kampf zwischen Systemen. Der Kampf reicht weiter zurück, vielleicht zur Russischen Revolution von 1917 oder gar zur Veröffentlichung des »Kommunistischen Manifests« im Jahre 1848. Es ist der Kampf zwischen Kommunismus und Kapitalismus, zwischen einer sozialistischen Assoziation und der liberalen Demokratie. Jahrzehntelang war der liberale Kapitalismus die stärkere Kraft; aber im Verlauf des 20. Jahrhunderts senkte die Waage sich allmählich in die Richtung des Sozialismus/Kommunismus. In den sechziger Jahren sah es eine Zeitlang so aus, als würden die beiden Systeme konvergieren. In gewissem Maße ist das auch eingetreten, obwohl am Ende eine andere Option obsiegte. Beide Systeme setzten sich in ihren jeweiligen Gußformen und akzeptierten das andere in seinem eigenen Recht. Ein Waffenstillstand wurde vereinbart, der die Unverletzlichkeit beider garantierte. Vielleicht hatte er den Namen Schlußakte von Helsinki, obwohl manche meinen, daß der Korb Drei von Helsinki mit seinen Menschenrechtsgarantien die Ansätze zur Überwindung des Waffenstillstandes enthielt. Jedenfalls dauerte das Patt nicht. Revolutionäre Prozesse nahmen ihren Gang. Eines der beiden Systeme sah wacklig aus, bis es zu zerbröckeln begann und schließlich im Jahre 1989 zerfiel. Seitdem wird nur noch eine Option angeboten, die kapitalistische Option der liberalen Demokratie.

Lassen Sie mich sicherstellen, daß kein Mißverständnis aufkommt: Dies ist nicht meine Sicht der Dinge, obgleich es die Sicht vieler ist, die Fukuyama »brillant« finden und dem extremen Konstitutionalismus von Hayek anhängen. Ihr Grundfehler liegt im impliziten oder expliziten Verständnis der Annahmen der amerikanischen oder britischen oder deutschen oder französischen Gesellschaften von heute als einem »System«. Paradoxerweise wäre die »Geschichte« im Sinne von Fukuyama noch höchst lebendig, wenn dieses Verständnis zuträfe. Wir fänden uns dann nämlich nach wie vor in einem Kampf der Systeme. Doch ist ebendies nicht der Fall. Zumindest ist es dann nicht der Fall, wenn die Anfangsgewinne der Revolution von 1989 erhalten bleiben. Denn die gemeinsame Sprache, die wir heute sprechen, ist nicht die Sprache des Westens, die nun auch vom Osten übernommen worden ist; sie ist eine im Kern universelle Sprache, die niemandem im besonderen und daher allen gemeinsam gehört. Die Länder des östlichen Mitteleuropa haben ihr kommunistisches System nicht abgeschüttelt, um sich dem kapitalistischen System (was immer das ist) in die Arme zu werfen, sie haben ein geschlossenes System abgeschüttelt, um eine offene Gesellschaft zu schaffen, genau gesagt, *die* offene Gesellschaft, denn während es viele Systeme geben kann, gibt es nur eine offene Gesellschaft. Wenn irgendeine Überzeugung in den Ereignissen des letzten Jahres den Sieg davongetragen hat, dann ist es der Gedanke, daß wir uns allesamt auf der Reise in eine ungewisse Zukunft befinden und durch Versuch und Irrtum innerhalb von Institutionen wirken müssen, die es möglich machen, Wandel ohne Blutvergießen herbeizuführen. Was in den Straßen von Prag und Berlin und Bukarest, in den endlosen Versammlungen von Budapest, an Ihrem Runden Tisch und jetzt in Ihrem Parlament zu Ende gegangen ist, ist nicht nur der Kommunismus, sondern der Glaube an eine geschlossene Welt, die von einem Monopol der »Wahrheit« regiert wird. François Furet bemerkte in dem schon erwähnten Gespräch, daß zum ersten Mal seit mindestens 150 Jahren keine alternative Gesamtsicht der gesellschaftlichen Ordnung in den intellektuellen und politischen Auseinandersetzungen zur Diskussion steht. Das bedeutet (so würde ich hinzufügen), daß wir endlich die wirkliche Aufgabe der Geschichte anpacken können, die darin liegt, die Lebenschancen von Männern und Frauen überall in der Welt zu erweitern. Der Weg zur Freiheit ist nicht der Weg von einem System zum anderen, sondern er führt in die offenen Räume unendlicher möglicher Zukünfte, von denen stets einige mit anderen konkurrieren. Ihre Konkurrenz macht Geschichte. Der Kampf der Systeme ist eine illiberale Abirrung. Um die These auf das Äußerste zuzuspitzen: Wenn der Kapitalismus ein System ist, dann müssen wir ihn ebenso hart bekämpfen, wie der Kommunismus bekämpft werden mußte. Alle Systeme bedeuten Knechtschaft, einschließlich des »natürlichen« Systems einer totalen »Ordnung des Marktes«, in der niemand mehr irgend etwas zu tun braucht außer die Spielregeln zu beachten, die eine mysteriöse Sekte von Wirtschaftsberatern erfunden hat.

Vornehmlich vom seltsamen Tod des Sozialismus und der Fata Morgana des »dritten Weges«

Bevor ich es meiner Begeisterung für die offene Gesellschaft gestatte, mit aller rationalen Argumentation davonzulaufen, muß ich innehalten; denn ich vermute, daß Ihnen manche meiner Bemerkungen eher ein bißchen zu gut gefallen. Auch Sie haben Ihre Zweifel an Hayek, und Sie würden gerne eine Mischung von sozialistischen Errungenschaften und liberalen Grundsätzen obsiegen sehen. Der ungezügelte Kapitalismus, so meinen Sie, ist keine sehr gute Sache, und daher würden Sie mich wohl gerne als Weggenossen auf dem Pfad der Sozialdemokratie anwerben. Nun teile ich weder die Vorliebe für Namensschilder noch die Angst vor ihnen, und es beunruhigt mich daher nicht sonderlich, wenn man mich einen Sozialdemokraten nennt, wenngleich ich Schwierigkeiten mit dem italienischen Begriff des »Liberalsozialisten« habe, denn ich sehe mich als einen Radikalliberalen, für den die sozialen Anrechte des Staatsbürgers eine ebenso wichtige Voraussetzung des Fortschritts sind wie die Wahlchancen, die sich aus Innovationsgeist und Unternehmerinitiative ergeben. Doch bevor wir zur normalen Politik kommen, soll hier ohne Wenn und Aber gesagt werden, daß der Sozialismus tot ist und daß keine seiner Varianten sich wiederbeleben läßt für eine Welt, die vom doppelten Alptraum des Stalinismus und des Breschnewismus erwacht ist.

Falls Sie dies für eine unnötig herbe Formulierung halten sollten, lassen Sie mich von einem Buch erzählen, das mit meiner eigenen politischen Philosophie zu tun hat, nämlich George Dangerfields »Der seltsame Tod des liberalen England«, das 1935 zuerst erschien.[26] Dangerfield verfolgt die merkwürdige Geschichte des großen Triumphs der britischen Liberalen unter der Regierung Asquith nach 1909 und die Hybris, die dann von 1913 an zu ihrem raschen Niedergang führte. »Es war in diesen Jahren, daß jener höchst moralische, höchst generöse, schon dyspeptische, im übrigen durchaus undefinierbare Organismus, der sich Liberale Partei nannte, zu Tode kam. Er starb an dem Gift, das ihm die gegnerischen Konservativen verabreicht hatten, und an der Desillusionierung ob der Unwirksamkeit des Wortes ›Reform‹. Und der letzte Atemzug, der in seinem historischen Fleisch noch flackerte, wurde ausgelöscht vom Krieg.« Dangerfield ist nicht naiv; er weiß wohl, daß politische Parteien ihren Tod anscheinend überleben können. »Es ist mir natürlich klar, daß das Wort ›Liberal‹ immer eine Bedeutung haben wird, solange es noch eine Demokratie in der Welt gibt oder irgendwelche Reste eines Mittelstandes: aber der wahre Vorkriegsliberalismus – getragen, wie er es 1910 noch war, vom Freihandel, einer Mehrheit im Parlament, den Zehn Geboten und der Illusion des Fortschritts – kann nie mehr wiederkehren. Er wurde getötet, oder tötete sich selbst, im Jahre 1913.« Dangerfield fügt noch hinzu, um das Maß voll zu machen: »Und das war auch gut so.«

Es fällt schwer, der Versuchung zu widerstehen, das Jahr 1913 in diesen Beobachtungen durch 1989 zu ersetzen und das Wort »Liberalismus« durch »Sozialismus« oder auch »Sozialdemokratie« – getragen, wie sie es in den siebziger Jahren noch war, von staatlicher Wirtschaftsplanung, einer Mehrheit im Parlament, dem Glauben an das Soziale und der Illusion der »Machbarkeit«. Aber (so werden Sie sogleich einwenden) werden hier nicht zwei gänzlich verschiedene Dinge durcheinandergeworfen? Es gibt den Sozialismus in seiner kommunistischen Version, der 1989 auf dramatische Weise zusammengebrochen ist, als ein Land nach dem anderen das Wort aus seinem Namen (»Sozialistische Republik von . . .«) strich und Parteien wie die Ihre, die von Ungarn und sogar Italien weniger anstößige Namen suchten – und es gibt die Sozialdemokratie, die, wenn sie überhaupt gestorben ist, »im Dunkeln umkam« (so Lord Selborne während der Debatte über das Gesetz zur Parlamentsreform 1911)[27], von vielen unbemerkt, denn für alle praktischen Zwecke ist sie noch immer sehr präsent. Viele andere Sozialismen sind in den letzten anderthalb Jahrhunderten aufgetaucht, aber der Kommunismus (der auch als »real existierender Sozialismus« beschrieben wurde, solange er real existierte) und die Sozialdemokratie (zuweilen, *pour épater les bourgeois*, auch »demokratischer Sozialismus« genannt) sind die einzigen beiden von historischem Gewicht. Ihre Geschichte gilt es daher wenigstens in Umrissen zu erzählen, damit klar wird, was gemeint ist mit der Rede vom Tod oder, höflicher, vom Hingang des Sozialismus in den achtziger Jahren.

Die Geschichte begann vermutlich im nach-napoleonischen Europa oder, zutreffender, in der zweiten Phase der industriellen Ära vor allem in England und Frankreich. Nachdenkliche Leute – Bürgerliche ohne Zweifel – waren beunruhigt vom Schicksal der arbeitenden Klassen und fingen an, auf Abhilfe zu sinnen. Die Lösungsversuche hatten gewisse Merkmale gemeinsam. Einer lag in der Einsicht, daß etwas nicht stimmte mit der Art und Weise der Verwendung privaten Eigentums; um es richtigzustellen, mußte Eigentum auf die eine oder andere Art »sozialisiert« werden. Ein weiterer Aspekt war die Ungleichheit der sozialen Stellung von Menschen, die allzu krasse Ausmaße angenommen hatte; Varianten des Egalitarismus haben den Sozialismus von seinen ersten Tagen an begleitet. Der Gedanke, daß ökonomische und soziale Verhältnisse durch bewußte Planung gestaltet werden können und müssen, statt sie sich selbst oder vielmehr dem »Markt« zu überlassen, ergibt sich fast automatisch aus derlei Präferenzen. Überdies verband sich die kühle Rationalität solcher Analysen ausnahmslos mit schwerer greifbaren, emotionalen Hoffnungen auf eine andere Art des menschlichen Zusammenlebens in wechselseitiger Sympathie und Altruismus, also mit dem Wunsch, dem Übel der geldbestimmten Herrschaft durch freiwillige Kooperation und den Geist der Solidarität beizukommen. Das Bündnis der Intellektuellen mit der Arbeiterklasse wendete diese Mischung von Analyse und Empfindung in die Vision einer ganz und gar anderen Welt, Henri de Saint-Simons »Neues Christentum«, Robert Owens »Neue Gesellschaft«. Für die neue Welt mußte man zudem kämpfen, sei es durch die Schaffung von Inseln einer besseren Zukunft, sei es durch die Organisation von Bewegungen zur Transformation des Bestehenden.

Marx hatte für diese Vorstellungen der Saint-Simons und Owens, Cabets und Fouriers, Proudhons und Weitlings nicht viel übrig. Er goß Häme über den Versuch, dem Elend der Gegenwart Alternativen gegenüberzustellen, die bloße »Phantasien« sind. Statt dessen berief er den unaufhaltsamen Marsch der Geschichte mit dem großen G. Die Neue Gesellschaft war für ihn nicht etwa eine erwünschte Perspektive, sie war vielmehr das notwendige Ergebnis der Widersprüche und Konflikte des bourgeoisen Kapitalismus. An dieser Stelle ist der Gedanke des »Systems« in den Sozialismus eingedrungen und hat sich mit der von Anfang an vorhandenen utopischen Vision verbunden. Es kommt nicht darauf an, was Menschen wollen oder sich vorstellen – es kommt nicht auf Menschen an –, denn sie sind nur ausführendes Organ für den Willen der Geschichte, und die Geschichte hat das Proletariat auserwählt als Generalagenten jener Produktivkräfte, die die kapitalistische Produktionsweise überwinden und die Neue Gesellschaft schaffen, die zuerst kommunistisch und nach ihrer vollen Reifung sozialistisch sein wird.

Die Parteien, die sich im Namen des »Kommunistischen Manifests« bildeten, hatten ihr Vergnügen daran, die herrschenden Mächte mit der Unausweichlichkeit ihres Falls und des Sieges des Sozialismus zu bedrohen; dennoch waren sie nie im strengen Sinn marxistisch. Es wäre wohl auch zu schwierig, eine Gewerkschaft oder politische Partei auf die Annahme zu gründen, daß solche Bewegungen nur Marionetten unpersönlicher Kräfte sind. Die Geschichte auf der eigenen Seite zu haben – oder vielmehr, die eigenen Führer sagen zu hören, daß das der Fall ist – mag für manche ermutigend klingen, doch ist von Anfang an ein ganz unmarxsches Element des Voluntarismus in die sozialistische Bewegung eingedrungen. In England war es sogar von den Chartisten bis zu den Fabiern und weiter zur Labour Party vorherrschend. Mit der Bildung von Parteien und dem zunehmenden Glauben an deren Fähigkeit, die Dinge hier und jetzt zu verbessern, entstand die Sozialdemokratie und damit die zwar widerwillige, aber dennoch ehrliche Anerkennung der Regeln der offenen Gesellschaft. Formen des Positivismus schlossen eine seltsame Ehe mit dem Sozialismus. Als 1914 kam, mag der Liberalismus im Sterben gelegen haben, aber der Sozialismus war quicklebendig in den europäischen Demokratien, und seine parlamentarischen Vertreter stimmten für die Kriegskredite ihrer jeweiligen Regierungen, so wie die Proletarier aller Länder in den Krieg gegeneinander zogen, statt sich hinter der roten Fahne zu vereinigen.

1917 ist mehr als nur eine weitere Etappe derselben Geschichte. Während Lenin offenkundig in die Tradition gehörte, auf die ich hier mit fast frivoler Leichtigkeit angespielt habe, schuldet sein Erfolg in Rußland dem Wachsen der europäischen Sozialdemokratie wenig, den besonderen Traditionen Rußlands viel und Marx einen wichtigen Anstoß. Der Grund für diese besondere Schuld ist in mancher Hinsicht pervers, denn er beruht auf einem Irrtum der Theorie und der Geschichte, den offenzulegen von Interesse ist. Wie Sie wissen, hat Marx versucht, den Klassenkampf mit ihm zugrunde liegenden sozialökonomischen Kräften zu verknüpfen. Die unterdrückte Klasse bezieht ihre Stärke und ihr Pathos aus Produktivkräften, die von der herrschenden Klasse und den Produktionsverhältnissen, die sie vertritt, niedergehalten werden. Marx brauchte diese Verschmelzung von Politik und Ökonomie, um den unaufhaltsamen Marsch der Geschichte begründen zu können; aber er konnte sich dabei nicht auf viel Geschichte berufen. Eine Art von Klassenkampf hatte (vielleicht) die Munition für die Französische Revolution geliefert; die Industrielle Revolution läßt sich (wahrscheinlich) beschreiben als die unvermeidliche Beseitigung einer älteren Produktionsweise, um Platz zu machen für neue Formen der Technologie, der Unternehmensstruktur und der Lohnarbeit. Indes haben die beiden Revolutionen weder am selben Ort noch zur selben Zeit stattgefunden, außer in den Büchern von Marx und Engels, in denen der Aufstand des Dritten Standes und der Durchbruch der industriellen Produktion mit zwei Federstrichen in einen einzigen Vorgang verwandelt wurden.

Marx interessierte sich mehr für die Revolutionen der

Zukunft als für die der Vergangenheit. Indes wirft seine Theorie mit all ihrem abstrakten Glanz auch auf diese Aussicht wenig Licht. Das Proletariat hat zu keiner Zeit neue Produktivkräfte vertreten; es war eine Klasse von ausgebeuteten und geschundenen Industriearbeitern, die hier und jetzt einen Platz an der Sonne finden mußten. Marx selbst hat es immer schwierig gefunden, die der von ihm geförderten revolutionären Bewegung zugrunde liegenden sozialökonomischen Kräfte beim Namen zu nennen, denn »assoziierte Produzenten« und »vergesellschaftetes Eigentum« sind schwerlich zwingende Motive des Wandels (insbesondere wenn man Aktiengesellschaften schon als den ersten Schritt auf dem Weg zum Sozialismus betrachtet[28]). Durch eine eigentümliche Verkettung von Umständen indes hatte Marx' Theorie durchaus ihren Sinn für Rußland. In der Tat hatte sie Sinn für alle Länder, die verspätet in die moderne Welt eintraten und daher gleichzeitig und rasch sowohl die politische als auch die ökonomische Modernisierung bewerkstelligen mußten. Die Männer, die nach der Beseitigung älterer feudaler oder kolonialer Eliten das Heft in die Hand nahmen, konnten für sich in Anspruch nehmen, daß sie dies im Namen bisher unterdrückter Möglichkeiten des Wirtschaftswachstums taten. Im Gegensatz zur frühen englischen oder amerikanischen oder französischen oder niederländischen Bourgeoisie konnten sie sich indes nicht auf bereits angehäuften Wohlstand oder vergangene wirtschaftliche Erfolge stützen; sie waren auch kein »Bildungsbürgertum« im deutschen (übrigens, wie Keynes zeigt, nicht nur im deutschen[29]) Sinne; vielmehr war politische Macht die einzige Grundlage ihrer Position. So kam es, daß eine Klasse zur Hegemonialklasse wurde, die sich nur auf eine Monopolpartei stützen konnte und die dann einen langsamen, letzten Endes erfolglosen Prozeß der Industrialisierung in Gang setzte. »Kommunismus«, wie Lenin es kurz und knapp formulierte, »ist Sowjetmacht plus die Elektrifizierung des ganzen Landes.«[30]

Sozialismus dieser Art – Kommunismus – ist mit anderen Worten ein Entwicklungsländerphänomen. Trotz einzelner Inseln der hochgezüchteten Entwicklung und sogar des Kapitalismus war Rußland im Jahre 1917 im großen und ganzen ein Entwicklungsland. Das gleiche galt für China 1949 und für viele Länder der Dritten Welt, die es nützlich fanden, sich auf das sowjetische Modell zu verlassen und die dafür auch eine gewisse Unterstützung von der selbst nicht gerade mit Wohlstand gesegneten Zweiten Welt bekamen. Der Nomenklatura-Sozialismus – manche nennen ihn auch »administrativen Zentralismus« oder sogar »demokratischen Zentralismus« – wurde zur bevorzugten Methode der verspäteten Modernisierung.

Er war, wie wir heute wissen, keine sonderlich erfolgreiche Methode. Sein Erfolg blieb weitgehend beschränkt auf die Zerstörung der alten, autoritären Regime. Diese indes wurden mit äußerster Brutalität verfolgt. Die »Ernte des Leidens« in der Ukraine und darüber hinaus (um Robert Conquests Beschreibung aufzunehmen[31]) die chinesische Kulturrevolution sind zwei unvergeßliche und unentschuldbare Beispiele, obgleich Idi Amin und »Kaiser« Bokassa und Pol Pot und andere »Modernisierer« der Dritten Welt, oft im Namen des Sozialismus, ebenfalls weder Vergessen erlauben noch Vergebung verdienen. Der zerstörerische Teil des Prozesses führte zu einer gewissen Einebnung überkommener sozialer Hierarchien und zur Schaffung der Institutionen (wenn auch oft nur der Verpackung) moderner Staaten. Er legte darüber hinaus gewisse Fundamente der modernen Wirtschaftsentwicklung, Elemente der Infrastruktur (wenn auch oft eher symbolisch als nützlich), die Verallgemeinerung der Ausbildung (wenn auch oft mehr für Zwecke der Mobilisierung als der Qualifizierung), große Industriekomplexe (wenn auch oft auf staatliche, vor allem militärische Zwecke und nicht Verbrauchernachfrage bezogen). Indes versagte dieser Prozeß angesichts jenes zentralen Tricks, den in manchen Teilen der westlichen Welt die »protestantische Ethik« zustande brachte, nämlich einen Anreiz zum Sparen und damit für jene aufgeschobene Befriedigung zu schaffen, die eine unentbehrliche Voraussetzung der Anfänge des industriellen Erfolges ist. Menschen müssen bereit sein, die ursprüngliche Akkumulation des Kapitals zu erlauben, die die Wachstumsmaschine anwirft. Sie können das freiwillig tun – weil sie glauben, daß es moralisch richtig ist, oder weil sie das Licht am Ende des Tunnels zu sehen meinen –, aber wenn sie es nicht tun, dann müssen sie dazu gezwungen werden, weniger zu konsumieren, als sie produzieren. So ist die Zwangsarbeit zum unverzichtbaren Bestandteil des real existierenden Sozialismus geworden, und das gleiche gilt für den Mangel an Gütern, das Schlangestehen und am Ende den gigantischen und nutzlosen Überhang an wertlosem Geld, der noch heute die Sowjetunion plagt. Die Logik kommunistischer Regime macht Ausbeutung und Unterdrückung ebenso unvermeidlich wie Knappheit und Vorspiegelung.

Das Versprechen des Sozialismus in seiner kommunistischen Variante war ein rascher und schmerzloser Ausweg aus autoritärer Herrschaft und vorindustrieller Armut. Modernität ohne Napoleon und die Gin-Kneipen, wenn man so will. Tatsächlich bekamen die Völker der Dritten Welt einschließlich der Sowjetunion beides, Diktaturen und Elend. Vor allem aber bekamen sie, was Milovan Djilas zuerst eine »Neue Klasse« von Parteibürokraten genannt hat.[32] Diese Klasse verhärtete sich zunehmend zu einer großen Nomenklatura. Je starrer sie wurde, desto schwerer ließ ihre Herrschaft sich aufrechterhalten. Die Kombination von Unwirksamkeit und Unterdrückung setzte am Ende den Prozeß der Selbstzerstörung in Gang, den wir in den letzten Jahren beobachten konnten. Mit anderen Worten, der Sozialismus ist nicht nur ein Entwicklungsländerphänomen, sondern eines, das sich jenseits der Anfangsstadien der Entwicklung nicht mehr aufrechterhalten läßt. Früher oder später muß er offeneren und effektiveren Methoden der wirtschaftlichen Entwicklung und wahrscheinlich auch der politischen Teilnahme Raum geben. Der real existierende Sozialismus kann nicht dauern.

In der Sowjetunion und anderswo in der postkommunistischen Welt gibt es manche, die von einer »Rückkehr zum Kapitalismus« sprechen. Sie irren in mehr als einer Hinsicht, aber vor allem insofern sie sich an die falsche Annahme von Marx klammern, daß der Sozialismus dem Kapitalismus folgt. Tatsächlich ist das Gegenteil der Fall. Marktorientierte Wirtschaftsformen, die auf Anreizen und nicht auf Planung und Zwang beruhen, stellen eine fortgeschrittene Stufe der modernen Entwicklung dar. In diesem

Sinne folgt der Kapitalismus dem Sozialismus – in Ländern, in denen die sozialistische Option zur Methode des Eintritts in die moderne Welt wurde. Das gilt natürlich icht in Ihrem Land, geschweige denn in Ostdeutschland nd der Tschechoslowakei, wo der real existierende Soziamus das Resultat der Hegemonialansprüche der Sowjeton war und hoffnungsvolle Ansätze des Prozesses der dernisierung zerstört hat. Man kann verstehen, daß gesichts der vom Zweiten Weltkrieg hinterlassenen immer viele Menschen bereit waren, jedes angebotene sprechen auf Fortschritt anzunehmen, einschließlich Nomenklatura-Sozialismus, aber nach vierzig Jahren gen die Bilanzen der Regime unter seinem Joch fast nur e Zahlen. Sozialismus auf Sowjetart war in den fortgehrittenen Ländern des östlichen Mitteleuropa eine Tragödie ohne Silberstreifen der Hoffnung.

1917 hatte mehr als eine Wirkung. Es etablierte den real existierenden Sozialismus nach Entwicklungsländer-Art, aber es ermutigte auch diejenigen in den entwickelteren Ländern, denen das, was sie als die Anpassung der sozialistischen Parteien an den Status quo sahen, nicht gefiel und die einen absoluteren Kurs bevorzugten. Es entstanden kommunistische Parteien, die eine schlimme und oft mörderische Rolle in den langdauernden Kämpfen mit Sozialdemokraten gespielt haben, vor allem während des Spanischen Bürgerkrieges, während des Hitler-Stalin-Pakts und in manchen europäischen Ländern auch in der unmittelbaren Nachkriegszeit. Als die Sowjets die Länder Ihrer Region unter ihre Herrschaft zwangen, indem sie »Volksfronten«, »Einheitsparteien« oder auch nur von Kommunisten dominierte »Koalitionen« bildeten, konnten sie sich auf kommunistische Parteien von unterschiedlicher, aber oft erheblicher Stärke stützen. Die fünfte Kolonne war da, um sowjetische Ansprüche zu unterstützen, und während der falsche Gott des Kommunismus für die meisten seiner Anhänger irgendwann starb (wie uns Arthur Koestler, Ignazio Silone, Stephen Spender und andere berichtet haben), kam sein Ende zu spät und zu langsam.[33]

Es ist wichtig, diesen Alptraum nicht zu verdrängen, aus dem wir erst heute erwachen. Ich erinnere mich gut daran, denn als die Russen kamen, im April 1945, war ich ein junger Mann in Berlin. Unsere Familie begrüßte die ersten Truppen als Befreier, denn ich hatte seit Wochen im Kellerversteck gelebt, seit der unerwarteten Entlassung aus dem Konzentrationslager, in dem ich den Winter 1944/45 verbracht hatte; vor allem aber warteten wir auf meinen Vater, der wegen seiner Beteiligung am Aufstand vom 20. Juli 1944 im Zuchthaus Brandenburg saß. Er kam zurück mit der Botschaft seiner ermordeten sozialistischen Freunde, daß die Spaltung der Arbeiterbewegung für immer beseitigt werden müsse. »Schafft mir die Einheit!« Die kommunistischen Führer, die gerade aus ihrem sowjetischen Exil zurückgekehrt waren, wollten die Botschaft zunächst nicht hören. Sie glaubten, sie könnten es alleine schaffen, und sie hatten ohnehin wenig mit den Sozialdemokraten im Sinn, die sie noch vor kurzem als »Sozialfaschisten« beschimpft hatten. Innerhalb eines Jahres verkehrten sich indes die Fronten. Den Kommunisten wurde klar, daß sie freie Wahlen nicht gewinnen können; abgesehen von der italienischen Stadt Bologna, der indischen Provinz Kerala und ein, zwei anderen abgelegenen Orten haben Kommunisten niemals und nirgends freie Wahlen gewonnen; so setzten sie die Sozialdemokraten unter zunehmenden Druck, um eine »Sozialistische Einheitspartei« zu begründen. Zu jener Zeit hatte mein Vater, der sich weder dem Druck noch den Versuchungen des Totalitarismus jeder Art je gebeugt hat, seine Position klar bezogen. Er stimmte im Zentralvorstand der ostdeutschen Sozialdemokraten, dessen stellvertretender Vorsitzender er war, gegen die Zwangsvereinigung und mußte noch am gleichen Tag im Februar 1946 in den Westen fliehen.[34] Schadenfreude ist zwar nicht die nobelste Empfindung, aber ich gestehe, daß ich die Auflösung jenes elenden Sammelsuriums privilegierter Feiglinge, das sich SED nannte, mit beträchtlichem Vergnügen verfolgt habe.

Mit alledem gehen Sie wahrscheinlich einig. Aber wie steht es mit dem anderen, dem sozialdemokratischen Entwicklungsstrang seit 1917? Ein zentraler Unterschied ist unübersehbar. Während Kommunismus und real existierender Sozialismus ihre eigene Art von Verfassungspolitik betrieben und, wo immer sie konnten, Monopole uneingeschränkter Parteimacht errichteten, wurde die Sozialdemokratie nach 1917 eindeutig und von einigen Randgruppen abgesehen verläßlich zum Teil der normalen Politik in den Demokratien der Welt. Manche meinen, daß ebendarin ihre Schwäche lag. Es läßt sich nicht leugnen, daß die Ramsay MacDonalds und Hermann Müllers und vielleicht sogar Léon Blums nicht gerade charismatische Führer von politischen Parteien waren, die sich radikaler Reform verschrieben hatten. Richtig ist aber auch, daß Sozialdemokraten, indem sie sich an der normalen Politik beteiligten, zu den zuverlässigsten Verteidigern der Verfassung der

Freiheit wurden. Demokratie und Rechtsstaat waren bei ihnen in guten Händen. Als relative Neulinge in diesem Gelände zeigten Sozialdemokraten sogar ein eher größeres Engagement für die Werte und Institutionen der offenen Gesellschaft als ältere Liberale.

Was ist dann schiefgelaufen? Ist überhaupt etwas schiefgelaufen? Sie haben mich an den Artikel über »Das Elend der Sozialdemokratie« erinnert, den ich vor einigen Jahren veröffentlichte und der Sie offenbar getroffen hat.[35] (Darin sind Sie nicht allein; in seiner »Abschiedsrede« als Vorsitzender der westdeutschen Sozialdemokraten tat Willy Brandt schmerzliches Erstaunen kund: »Ich habe mich immer mal wieder gefragt: An welche Jahrzehnte haben sich wohl diejenigen Zeitgenossen erinnert, die meinten, das sozialdemokratische Jahrhundert sei vorbei. Haben sie die beiden Weltkriege, Faschismus und Stalinismus ausgeblendet, die großen Wirtschaftskrisen und die neuen existentiellen Bedrohungen?«)[36] Seinerzeit bin ich von der schlichten Beobachtung ausgegangen, daß es den sozialdemokratischen Parteien in ganz Europa politisch nicht sonderlich gutging; und diejenigen, die noch Wahlerfolge erlebten, wie die von Spanien und vielleicht Italien, waren nicht sonderlich sozialdemokratisch. Eine anständige Gesellschaft zu fordern war offenkundig für die Wählerschaft der entwickelten Gesellschaften nicht mehr genug. Wie hatte die dominante politische Kraft eines Jahrhunderts diese Wendung der Dinge verdient?

Die einfachste Antwort lautet, durch ihren Sieg. Wie die britischen Liberalen im Jahre 1911 ihr Land, hatten die Sozialdemokraten am Ende der siebziger Jahre Europa erobert. Ihre spezielle Verbindung von Demokratie und

Planung, von wirtschaftlicher Freiheit und Nachfragemanagement, von individuellen Wahlchancen und Umverteilung, kurz von Freiheit und Gerechtigkeit war zur vorherrschenden Realität der OECD-Welt geworden (obwohl die Vereinigten Staaten zum Teil ihren eigenen Weg gegangen sind und die sozialen Bürgerrechte nie ganz akzeptiert haben). Damals waren wir alle Sozialdemokraten, und in mancher Hinsicht sind wir es noch heute.

Für die Menschen der entwickelten Welt war das gut, aber für die Sozialdemokratie war es tödlich. Die Heraufkunft einer großen Mehrheit derer, die hoffen konnten, viele ihrer Aspirationen unter den obwaltenden Verhältnissen zu befriedigen – einer Mehrheitsklasse – machte sozialdemokratische Parteien entweder zu einer defensiven, um nicht zu sagen konservativen Kraft, oder entbehrlich, oder auch beides. Die Entstehung einer Mehrheitsklasse (manchmal auch Mittelklasse genannt, obwohl der Begriff irreführt, da es keine tonangebende Oberklasse und auch keine zusammenhängende Arbeiterklasse mehr gibt) bedeutet vor allem, daß die traditionelle soziale Basis der Sozialdemokratie zerbröselt. Die Arbeiterklasse hat ihre intellektuellen Führer enttäuscht; entgegen deren Annahmen erwies sie sich nicht als eine sonderlich progressive soziale Kraft, sondern als eine, die einerseits »Recht und Ordnung« erstrebte und andererseits ihr eigenes soziales und wirtschaftliches Vorankommen, so daß die meisten Arbeiter am Ende ganz zufrieden waren, wenn es ihnen gelang, für sich und ihre Familien ein annehmbares Leben zu sichern, was immer all die anderen hatten oder nicht hatten. So wurde der Klassenkampf in die soziale Mobilität von einzelnen überführt. Daß dieses Muster in den Vereinigten Staaten als »amerikanischer Traum«, wenn auch oft nicht als Realität, schon länger vorherrschte, ist häufig als Grund für das Fehlen nennenswerter sozialistischer Parteien in Amerika angeführt worden; jetzt breitet eine ähnliche Einstellung sich in Europa aus. Mit dem Fortgang dieses Prozesses verlor die Arbeiterklasse nicht nur ihren Zusammenhalt, sondern sie begann zu schrumpfen. Ein neuer Mittelstand von Angestellten wuchs stetig an, und während deren Marktmacht nicht viel größer scheinen mag als die von Arbeitern, verstanden sie sich doch zu keiner Zeit als Teil des Proletariats. Der Rückgang der in der Produktion Beschäftigten zugunsten von Dienstleistungsberufen reduzierte die industrielle Arbeiterschaft auf eine Minderheit, deren Stellung sich zudem keineswegs mehr als unterdrückt oder an den Rand gedrängt beschreiben läßt.

Das Zerbröckeln der traditionellen sozialen Basis sozialdemokratischer Parteien ging Hand in Hand mit einer weiteren Konsequenz ihres Erfolges. Die Sozialdemokratie hat eine eigentümliche Nähe zum Staat. Weit davon entfernt, diesen als »einen Ausschuß, der die gemeinschaftlichen Geschäfte der ganzen Bourgeoisklasse verwaltet«[37], zu bekämpfen, haben Sozialdemokraten den Staat benutzt, um die schlimmsten Ungerechtigkeiten des Kapitalismus zu beheben. John Maynard Keynes und William Beveridge waren beide Mitglieder der britischen Liberalen Partei, aber Keynessche Wirtschaftspolitik und Sozialpolitik à la Beveridge wurden überall (und unter verschiedenen Namen) zu Kennzeichen der Sozialdemokratie. »Politik« indes bedeutet immer eine größere Rolle für den Staat. Sie führte daher zur Ausweitung des Verwaltungs- und Planungsapparats, also der Bürokratie. Sozialdemokratie wurde von vielen mit Bürokratie assoziiert bis hin zu dem Punkt, an dem die Sozialdemokratische Partei in manchen Ländern, wie in Schweden, zur Partei des öffentlichen Dienstes wurde. In anderen Ländern ist sie als »Lehrerpartei« beschrieben worden (auch Lehrer sind auf dem europäischen Kontinent Beamte!) oder als »Partei der Kommunalbediensteten«, was auf das gleiche hinausläuft.

Das Dilemma liegt auf der Hand. Während noch viel zu tun bleibt, um das sozialdemokratische Projekt zu vollenden, hat dessen Erfolg zum Schwinden der traditionellen Grundlage seiner Kraft geführt. Überdies bringt die Verbindung von Sozialdemokratie und Bürokratie die alte Reformmacht in eine mißliche Lage. Am Ende ist Bürokratie ja in gewissem Sinne die demokratische Nomenklatura, die, wenn wir Max Webers Befürchtungen folgen, uns eines Tages allesamt in ein neues »Gehäuse der Hörigkeit« einschließen wird. Ein Aspekt der achtziger Jahre in der OECD-Welt ist der Protest nicht nur gegen die ökonomische Stagnation der siebziger Jahre, sondern auch gegen die politische Abhängigkeit von der Bürokratie. Menschen haben ein elementares Bedürfnis, Dinge selbst und auf eigene Weise zu tun und nicht herumgeschubst zu werden von Figuren in Amtsstuben, die sie Formulare ausfüllen und Schlange stehen lassen, nur um ihnen am Ende unbefriedigende Auskünfte zu geben.

»Es ist mir natürlich klar, daß das Wort ›sozialdemokratisch‹ immer eine Bedeutung haben wird, solange es noch eine Demokratie in der Welt gibt oder irgendwelche Reste einer Arbeiterklasse.« So könnte man heute Dangerfield paraphrasieren, wenngleich ich nicht sicher bin, daß die Aussage für die Arbeiterklasse zutrifft. Die verbleibende Arbeiterschaft ist nämlich keineswegs ein verläßliches Reservoir für sozialdemokratische Stimmen. Wie dem auch sei, die Sozialdemokratie findet sich in Schwierigkeiten, und das zu eben jener Zeit, zu der die absoluteren Formen des Sozialismus zusammengebrochen sind. Heißt das (so wollten Sie von mir wissen), daß die sozialdemokratische Option für die, die dem Kommunismus Auf Nimmerwiedersehen! gesagt haben, nicht existiert?

Es wird Zeit, ein Thema direkt anzupacken, das die Diskussion über Demokratisierung in Europa gründlich verwirrt. Es hat allerlei mißliche Namen, die sämtlich darauf zielen, ein Mittelding zwischen den Realitäten des früheren Westens und denen des früheren Ostens zu beschreiben. Manche sprechen von einem »mittleren Weg«, andere von einem »dritten Weg«, und alle scheinen zu glauben, daß es falsch wäre, die Errungenschaften von vierzig Jahren Sozialismus einfach aufzugeben und den Kapitalismus mit allen Kröten, die ihn begleiten, zu schlucken. Es muß doch – so deuteten Sie in unserem Gespräch an – einen Ort geben für eine anständige soziale und demokratische oder selbst demokratisch-sozialistische Politik irgendwo zwischen den Extremen Ihrer Vergangenheit und unserer Gegenwart. Das klingt gut, sogar plausibel, und ist dennoch sowohl theoretisch wie praktisch die falsche Methode, um die vor uns liegenden Aufgaben anzupacken.

Statt hier Milovan Djilas, Ota Šik, Rudolf Bahro oder andere Autoren aus sozialistischen Ländern zu zitieren oder an den großen Verfechter eines humanen Kapitalismus in den sechziger und siebziger Jahren, Andrew Shonfield, anzuknüpfen[38], lassen Sie mich meine Argumentation mit Hilfe eines Schweizer Autors entwickeln. Der besagte Schweizer schrieb einen ausführlichen und sachlichen Artikel über »Die Möglichkeit eines dritten Weges für Osteuropa« in der liberalen *Neuen Zürcher Zeitung*[39]. Darin warnt er den Westen vor der Selbstgefälligkeit der Meinung, daß der Bankrott des real existierenden Sozialismus seinen Opfern nur die eine Alternative übriglasse, alle Elemente der »demokratisch-marktwirtschaftlichen Gesellschaftsordnung« zu übernehmen, weil man bekanntlich nicht ein bißchen schwanger sein kann. Der Autor erinnert uns an die reine Lehre des Kapitalismus: Selbstorganisation, Privateigentum, Markt, verläßliche Erwartungsstrukturen. Er fügt hinzu, daß die Realität des Westens oft weit entfernt sei von dieser reinen Lehre, und illustriert die Diskrepanz durch eine Reihe von Feststellungen. Das Privateigentum hat in großen Unternehmen, die nur im Ausnahmefall von ihren Eigentümern geleitet werden, seinen Charakter verändert; andererseits sind kleine Familienunternehmen alles andere als Modelle der Effizienz. Planung und das Walten der Kräfte des Marktes sind längst nicht mehr unvereinbar; die Frage ist, wo die Grenze zwischen beiden gezogen wird. Transparente Kosten- und Preisstrukturen sind eine feine Idee, jedoch weit entfernt von der schmuddeligen Wirklichkeit der »Märkte« für Agrarprodukte oder auch des Arbeits»marktes«. Die Freizügigkeit für Personen, aber auch für Güter, ist weithin eher Programm als Wirklichkeit. So sollten wir »nicht päpstlicher sein als der Papst« in unseren Zielen und Doktrinen.

So weit, so gut. Dann aber geht der Autor daran, seine Beobachtungen mit einem Plädoyer für »utopische Visionen« zu verbinden, die »Systemgrenzen überschreiten«. Überall bleibt viel Raum für Reformen (so argumentiert er), und die Analogie zu dem »Ein-bißchen-schwanger-Sein« ist eine durchaus irreführende Beschreibung realer wirtschaftlicher Strukturen angesichts der Notwendigkeit, komplexe Mischungen von Elementen zu finden. Die Diskussion über gemischte Wirtschaftsordnungen ist »über die Systeme hinweg ohne ideologische Voreingenommenheit und Selbstgefälligkeit zu führen. Aus liberalen und sozialistischen Utopien könnte so vielleicht ein synergetisches Drittes werden.« Die »sozialistische Utopie« würde etwa durch Unternehmerinitiative angereichert und die »kapitalistische Utopie« durch die Einsicht, daß die Wirtschaft den Menschen dient und nicht umgekehrt. So könnten wir dann eine »Art des interkulturellen Dialogs [beginnen], der auf einen vielfältigen und dynamischen Weg nach Mitteleuropa führen könnte«.

Nein, ist die einfache Antwort auf diese Forderung. Wir sollten einen solchen »interkulturellen Dialog« nicht beginnen, sondern schon seine Idee verwerfen. Sie ist falsch, weil sie nichts anderes ist als eine Version des Denkens in Systemen, und Systemdenken ist der Anfang der Unfreiheit in all ihren Formen. Es ist kein Zufall, daß unser Autor »systemübergreifende« Wege sucht und Lösungen »über die Systeme hinweg« finden will. So sieht er die Welt. Der Unterschied zwischen ihm und etwa Fukuyama besteht nur darin, daß er ein drittes System einführen will, »Mitteleuropa«, wie er es bezeichnenderweise nennt, auf halbem Wege zwischen Sozialismus und Kapitalismus. (Ich weiß wohl, daß Sie den Begriff Mitteleuropa mögen, weil Sie nicht als Osteuropäer abgestempelt sein wollen; in der Tat hat Polen seine Uhren durch all diese Jahre hin gegen den Druck der Sowjets und die Logik der Geographie auf der Mitteleuropäischen Zeit gelassen; dennoch ist der Begriff mit ideologischem Gepäck beladen – vor allem in seiner deutschen Inkarnation, die uns zu dem »nationalen Sozialisten« Friedrich Naumann und seinem *Mitteleuropa* samt diversen anderen zweifelhaften Gestalten zurückbringt –, und wir sollten daher bei seiner Verwendung Vorsicht walten lassen!). Unser Schweizer Autor nennt sein System glücklicherweise »vielfältig«, doch haben dessen »utopische« Qualitäten es ihm offenkundig angetan. Er hängt einer Art Rousseauscher Utopie an, in der die »rituellen Wettkämpfe zwischen mehrheitsbildenden Scheinalternativen« ersetzt werden durch »engagierte Auseinandersetzungen zwischen politischen Programmen« und natürlich eine gehörige Dosis von »menschlicher Wärme, Empathie und Solidarität«.

Wir müssen uns auch vor Utopia hüten, und zwar nicht nur in dessen Rousseauscher Version. Utopia ist der Natur der Idee nach eine totale Gesellschaft. Es mag »nirgendwo« existieren, aber wird doch als komplettes Gegenprojekt den Realitäten der Welt, in der wir leben, vorgehalten. Utopia ist die vollständige Alternative und daher mit Notwendigkeit die geschlossene Gesellschaft. Warum habe ich das geplante Anti-Orwell-Buch unter dem Titel *1989* nicht geschrieben? Weil ich für Winston Smith keinen Ausweg aus dem *1984* des Großen Bruders finden konnte. Wohlwollende Utopien sind übrigens nicht besser.

Ebendies ist ja der Gegenstand von Karl Poppers Demontage des platonischen *Staates*. Wer sich daran macht, utopische Pläne zu verwirklichen, muß zunächst die Leinwand, auf die die wirkliche Welt gemalt ist, von allen Farbspuren reinigen. Das ist ein brutaler Zerstörungsprozeß, der an Ceauşescus Pläne für die rumänischen Dörfer erinnert. Alsdann muß eine neue Welt konstruiert werden, was unweigerlich Irrtümer und Fehler mit sich bringt und in jedem Fall mißliche Übergangsperioden verlangt wie die »Diktatur des Proletariats«. Wenn man damit erst beginnt, ist es höchst wahrscheinlich, daß wir am Ende im Übergang steckenbleiben; es gehört nicht zu den Gewohnheiten von Diktatoren, ihre Macht aus freien Stücken aufzugeben. Der Utopier, so schreibt Popper, »mag sein himmlisches Staatswesen in der Vergangenheit oder in der Zukunft suchen; er mag ›Zurück zur Natur‹ predigen oder ›Vorwärts zu einer Welt der Liebe und Schönheit‹; aber er wendet sich immer an unsere Gefühle und niemals an unsere Vernunft. Sogar mit der besten Absicht, den Himmel auf Erden einzurichten, vermag er diese Welt nur in eine Hölle zu verwandeln – eine jener Höllen, die Menschen für ihre Mitmenschen bereiten.«[40]

Das gilt für die Utopie des mittleren Weges nicht weniger als für jede andere. Auch ein vollständiges »drittes System« bleibt vor allem ein System, unbeschadet seines »dritten«, »vierten« oder »fünften« Platzes. Im Konflikt zwischen Verfechtern von Systemen und Anhängern der offenen Gesellschaft gehört es daher auf die Seite der Unfreiheit, auf der alle Systeme ihren Ort haben. Weder Mitteleuropa noch Sozialdemokratie noch irgendein anderer Euphemismus für den »mittleren Weg« dürfen als

System oder als Utopie verstanden werden, wenn es die Freiheit ist, die wir suchen. Die Wahl zwischen Freiheit und Knechtschaft ist eindeutig, und sie erlaubt keine Raststätte auf halbem Wege für jene schwächeren Seelen, die einer Entscheidung gerne so lange wie möglich ausweichen würden.

Bisher war nur von Verfassungspolitik die Rede. Es ist daher an der Zeit, die Ingredienzien der offenen Gesellschaft etwas genauer zu beschreiben, als das bisher geschehen ist. Da es hier zunächst um soziale und ökonomische Themen geht, müssen wir die Frage stellen, welche Elemente der Wirtschaftsordnung Grundbestandteile der offenen Gesellschaft sind und welche anderen der normalen Politik überlassen bleiben können. Der Kapitalismus ist häufig definiert worden. Peter Berger fand die handliche Formulierung: »Produktion für einen Markt durch unternehmerische Einzelne oder Gruppen zum Zweck der Erzielung eines Gewinns.«[41] Die meisten Definitionen enthalten drei Elemente: *Private Akteure* koordinieren ihre Wirtschaftstätigkeit durch den *Markt*, um Akkumulation und *Wachstum* zu erzielen. Wieviel von dieser Definition gehört zum Grundbestand der offenen Gesellschaft?

Die Frage ist ungewöhnlich schwer – und niemals endgültig – zu beantworten, aber sie ist so wichtig, daß ich zumindest den Versuch einer Antwort machen muß. John Locke und seine Zeitgenossen hätten nicht bezweifelt, daß das Privateigentum eine Verfassungsbedingung ist. Das läßt sich auch heute noch begründen, wenngleich es nicht heißt, daß alles Eigentum privat sein muß. Staatliche Eisenbahnen sind durchaus vereinbar mit der offenen

Gesellschaft. Es kommt darauf an, daß das Privateigentum als Option vorhanden ist und daß es geschützt wird. Dann der Markt. Er hat viele Implikationen, von denen die einen Verfassungsrang haben, die anderen nicht. Ohne rechtlich geschützte Verträge kann es keinen Markt geben; das Vertragsrecht ist ein konstitutionelles Erfordernis. Monopole beschränken den Markt, wenngleich diese Aussage, auch abgesehen von den Eisenbahnen, die Frage der »natürlichen Monopole« etwa der Luft und des Wassers aufwirft. Es ist eine Verfassungsbedingung der offenen Gesellschaft, daß die generelle Errichtung von Monopolen verhindert wird. Die Beweislast liegt immer bei den Verteidigern des Monopols und nicht bei denen des Pluralismus und der Konkurrenz. Dann Akkumulation und Wachstum. Eine alte offene Gesellschaft, nämlich die britische, hat viele Jahrzehnte geringen und sogar »negativen« Wachstums erlebt, ohne illiberal zu werden. Man kann verstehen, daß es manche beunruhigt, wenn in einigen Ländern das Wachstum geradezu zum Verfassungsprinzip wird. Harold James hat diese These für Deutschland vertreten, wo wirtschaftlicher Fortschritt in den letzten zwei Jahrhunderten nur allzu oft als ein Zweck erschien, »ohne den die Nation nicht existieren konnte«[42]. Die Verfassungsbedingung liegt in diesem Bereich wahrscheinlich im Vorhandensein von bestimmten Anreizen. Freizügigkeit in der Wahl des Arbeitsplatzes, unbeschränkte Mobilität und möglicherweise auch die Begrenzung der Steuerprogression gehören in dieses Kapitel.

Das bedeutet, daß weder Nachfragemanagement à la Keynes noch der Sozialstaat à la Beveridge unvereinbar sind mit einer offenen Gesellschaft. In der Tat finden wir in Demokratien viele wirtschaftliche Formen, die kein Lehrbuch als kapitalistisch beschreiben würde. Die japanische Wirtschaft ist schwerlich im strengen Sinn kapitalistisch, wenn man an die Rolle der großen Unternehmen und deren Beziehung zum Ministerium für Internationalen Handel und Industrie (MITI) denkt. In Deutschland läßt die Rolle der Großbanken und eines informellen Netzes von Unternehmern und Gewerkschaftsführern, verbunden mit der Mitbestimmung und dem ausgebauten Wohlfahrtsstaat, sich nur mühsam mit den öffentlichen Bekenntnissen zur Marktwirtschaft vereinbaren. Schweden ist in keinem strengen Sinn ein kapitalistisches Land. Dennoch sind diese und andere Länder mit ihren eigenen Idiosynkrasien – mit gewissen Einschränkungen im Falle Japans – offene Gesellschaften. Die Verfassungsbedingungen der Demokratie sind vorhanden.

Die Beispiele legen eine Antwort auf Ihre Frage nahe (und übrigens auch auf die utopischen Visionen des Schweizer Autors, den ich im Interesse der Klarheit vielleicht ein bißchen unfreundlich behandelt habe). Es gibt in der Tat gewisse Aspekte der Wirtschaftsordnung, die zur Verfassung der Freiheit gehören. Diese sind sozusagen nicht verhandlungsfähig; sie verlangen ein klares Ja. In Ihrem Land wie auch in anderen unter kommunistischer Herrschaft waren viele davon nicht vorhanden. Es gab kein Vertragsrecht. Es gab ein fast vollständiges Staatsmonopol in Produktion und Handel. Das Privateigentum fehlte entweder völlig, oder es war stark begrenzt. Wirtschaftliche Grundfreiheiten fehlten. Ohne jeden »interkulturellen Dialog«, der auf Kompromiß und einen Mischmasch der Systeme zielt, müssen diese fehlenden Elemente der offenen Gesellschaft geschaffen werden, wenn die Freiheit mehr sein soll als ein leeres Versprechen. Wie die gemeinsame Sprache, die wir nun wieder sprechen, gehören diese Elemente weder dem Osten noch dem Westen noch Mitteleuropa, sondern sie sind universale Voraussetzungen der Freiheit.

Sind sie gegeben, dann beginnt die normale Politik. Wenn Sie wollen, daß Ihr Land nicht nur eine Heimstatt der Redefreiheit und der politischen Vielfalt, sondern ein Ort des Wohlstandes und der wirtschaftlichen Chancen wird, dann muß ich viele der liberalen Politiken, die Ihr mutiger Finanzminister Balcerowicz – wie sein tschechoslowakischer Kollege Klaus und einige andere in den übrigen Ländern – verfolgt, dringend empfehlen. Das Wort »empfehlen« ist mit Bedacht gewählt. Es gibt Elemente dieser Politiken, die beinahe Verfassungsrang haben, aber die meisten sind ein legitimer Gegenstand der politischen Auseinandersetzung, und sie erlauben daher unterschiedliche Auffassungen. »Kapitalismus« im amerikanischen Sinne ist nur ein Weg voran; es gibt wenige in der übrigen Welt, die diesen Weg gewählt haben. Großbritannien mag in einer früheren Phase der modernen Wirtschaftsentwicklung in manchem ähnliche Züge wie die Neue Welt gezeigt haben, aber die beiden Reformer, die ich so gerne zitiere, Keynes und Beveridge, waren ebenfalls britisch, und von einem der beiden, Keynes, hat man gesagt, daß er den Kapitalismus gerettet habe, indem er ihn zerstörte. Die Wirtschaftsstrukturen von Frankreich und Deutschland, Italien und Spanien, den Niederlanden und Schweden sind in Dutzenden von wichtigen Aspekten verschieden. Es gibt also auch kein mitteleuropäisches Modell; es gibt so viele Modelle wie Länder.

Daher ist der Gedanke eines dritten oder mittleren Weges nicht nur verfehlt in der Theorie, weil er das totalitäre Potential aller Utopien auf den Plan ruft, sondern auch falsch in der Praxis. Was die Verfassung angeht, so gibt es nur die Wahl zwischen Systemen und der offenen Gesellschaft. Im Bereich der normalen Politik aber gibt es hundert Wege, und wir können stets voneinander lernen, wenn wir unsere eigene – Ihre eigene, meine eigene, jedermanns oder doch jedes Landes eigene – Ordnung der wirtschaftlichen und sozialen Verhältnisse suchen. Keine dieser Ordnungen ist ein zwingendes Modell für andere, geschweige denn ein System. Die Wirklichkeit ist unendlich bunt und vielfältig. Sie mag ein Alptraum für den Begriffspuristen sein, aber das darf uns nicht dazu verführen, sie zum System zu erheben. Solange die Verfassung der Freiheit fest verankert bleibt, gedeihen wirkliche Menschen in einer wirklichen Welt, für die alle allzu säuberlichen Begriffe unangemessen sind.

Ein weiterer Punkt ist dem hinzuzufügen, auch wenn er weh tut. Der Schweizer Autor hatte sicher recht mit seiner Warnung vor Selbstgefälligkeit bei uns, die wir das Glück hatten, in einer Welt der Freiheit und des Wohlstandes zu leben, während Ihr Volk unter der bleiernen Hand des Nomenklatura-Sozialismus ächzte. Sein lobenswertes Mitgefühl hat den Autor indes, wie viele andere auch, zu der Forderung verleitet, daß die »Errungenschaften« von vierzig Jahren Sozialismus bewahrt werden müssen, auch wenn wir die Irrtümer beseitigen. Was aber sind diese Errungenschaften? Im Hinblick auf die Verfassungspolitik kann ich jedenfalls keine erkennen. Die vielzitierten sozialen Rechte in Ihren Verfassungen sind das Papier nicht wert, auf dem sie geschrieben stehen. Kein verfassungsmäßiges »Recht auf Arbeit« kann Arbeitslosigkeit verhindern; am Ende diskreditiert es die Verfassung, weil es etwas verspricht, das außerhalb der Macht aller Richter liegt. Eine Politik der Vollbeschäftigung mag unter den Prioritäten der normalen Politik einen hohen Rang beanspruchen, aber ein Verfassungsartikel liefert dafür keinen Ersatz. (Das Recht, nicht zu arbeiten, ist ein plausiblerer Kandidat für eine Verfassungsgarantie, denn es schützt Menschen gegen die Zwangsarbeit.) Auch im Bereich der normalen Politik kann ich überdies nicht vieles in den früher sozialistischen Ländern entdecken, das zu bewahren sich lohnte.

Gilt das auch für kulturelle Werte? Sie haben in unserem Gespräch mit großem Ernst das Gefühl des Verlustes betont, das manche in der nachkommunistischen Welt empfinden, weil es so aussieht, als sei ein Lebensstil unwiderruflich dahingegangen, für den doch manches sprach. Es war ein weniger hektischer Stil als der des »kapitalistischen« Westens, ein nachbarschaftlicherer Stil, der überdies geistigen und künstlerischen Dingen einen höheren Rang gab, als dies der materialistische Hedonismus der Konsumgesellschaft zu erlauben scheint. Sie hatten dabei spezielle Dinge im Sinn. Es sei ganz richtig, so sagten Sie, gute Filme zu subventionieren statt Sex- und Gewalt-Videos zu vermieten, es sei auch nötig, dafür zu sorgen, daß preiswerte Bücher (Sie sagten, »klassische« Bücher) für jeden erschwinglich sind. Ich verstehe Ihre Absichten wohl, kann aber dennoch Ihren Schlüssen nicht folgen. In gewisser Hinsicht ist ja die Vorliebe der Menschen in totalitären Ländern für kulturelle Dinge ein Ersatz für andere Güter, die sie nicht haben können. Wenn der Druck weicht und die Wahlchancen steigen, interessieren sie sich für die Boulevardblätter und MacDonalds-Hamburger und Geschirrspülautomaten und glitzernde Motorräder und Ferien an der Costa Brava. Es wäre schön, wenn manche der weniger oberflächlichen Werte am Leben erhalten werden könnten, aber wie man das anstellt, ist nicht ganz leicht zu sehen. Ich befürchte, daß, selbst wenn Ihre Regierung auch in Zukunft »gute« Filme und »klassische« Bücher subventioniert, die Leute es vorziehen werden, schlechte Filme zu sehen und Schund zu lesen oder das Lesen ganz aufzugeben.

Der Grund dafür ist einfach und in diesem Zusammenhang wichtig. Wenn man die Welt aus einigem Abstand betrachtet, würde man natürlich die Ziele, an die man glaubt, gerne direkt und ohne Umweg oder Aufenthalt verwirklicht sehen. Vielleicht ist das, was Sie Sozialdemokratie nennen, ein Beispiel für eine solche Zielsetzung. Aber jenseits der Schreckensvision einer »wohlwollenden« Diktatur sind die Verhältnisse schlicht nicht so. Zumindest funktionieren offene Gesellschaften nicht auf diese Weise. Ob wir es mögen oder nicht, der Pendelschwung von einer Seite zur anderen – er muß ja nicht gleich von einem Extrem zum anderen führen – ist der wahrscheinlichere Rhythmus des Wandels. Nach dem Sieg der Sozialdemokratie in der OECD-Welt suchten die Menschen einen neuen Aufschwung des Individualismus, der Innovation und Initiative, des Konsums und Lebensgenusses. Sie wählten Margaret Thatcher zur Premierministerin von Großbritannien und Ronald Reagan zum Präsidenten der Vereinigten Staaten von Amerika, und noch die »sozialistischen« Führer der Zeit wie die Premierminister von Spanien und Australien verdankten ihren Erfolg eher dem, was manche »linken Thatcherismus« nannten, als ihrem Sozialismus.

Jetzt aber, am Beginn der neunziger Jahre, ist die Stimmung umgeschlagen. Die Zeit ist gekommen, der Angebotspartei vorübergehend Lebewohl zu sagen und den Blick der Anrechtspartei zuzuwenden, also an die Stelle der Wachstumsbesessenheit die Anerkennung der Erfordernisse der Bürgerrechte zu setzen. Sogar der Präsident der Vereinigten Staaten, ein Republikaner, hat ein »sanfteres, freundlicheres Amerika« versprochen, und in Europa ist der Meinungsumschwung unverkennbar.

Zugleich aber wäre es nicht überraschend, wenn Ihre Landsleute und Nachbarn erst einmal teilhaben wollten am westlichen Individualismus, einschließlich des Konsumerismus und allem, was damit zusammenhängt, bevor sie sich an die sozialen Bedürfnisse der Zukurzgekommenen erinnern. Das kann man bedauern, aber es ist der unvermeidliche Preis für Jahrzehnte des dumpfen und grauen Kollektivismus. Ich wünsche Ihnen alles Gute bei dem Versuch, die Woge von glitzerndem Schund aufzuhalten, die auf Sie zukommt, aber ich habe den Verdacht, daß sie Sie davonspülen wird. Für die nächste Zeit wird Ihre Position in der Minderheit sein, und wie Sie gewiß spüren, tun Sie mir deshalb nicht sonderlich leid. Zumindest empfinde ich kein Mitleid, solange der Pendelschwung sich innerhalb der Grenzen der offenen Gesellschaft hält. Das bedeutet praktisch, daß es auch möglich sein muß, Balcerowicz abzuwählen (hoffentlich nicht zu bald, vielleicht in acht Jahren!) und ihn durch einen sozialdemokratischeren Politiker zu ersetzen.

Das bringt mich zurück zu Ihrer Frage der politischen Parteien und ihrer sozialen Basis. Welche Wähler werden in den kommenden Jahren welche Richtung unterstützen? Welche politischen Strukturen werden aus dem Zusammenbruch des kommunistischen Monopols hervorgehen? Die Frage hat ihre verblüffenden Aspekte, denn während erkennbar wird, daß die Parteien der europäischen Demokratien und auch Nordamerikas nicht recht in die postkommunistischen Länder passen, entdecken wir zugleich, daß diese Parteien auch bei uns der Zeit und ihrer Grundstimmung nicht mehr entsprechen. Die deutsche Erfahrung erzählt die Geschichte in eindringlicher Weise. Die westdeutschen Parteien haben weder Mühe noch Kosten gescheut, um die zahlreichen ostdeutschen Bewegungen und Sekten in ihre Kanäle zu lenken; dennoch sind in der ersten frei gewählten Volkskammer dreizehn Gruppierungen vertreten, und selbst Parteien, die denselben Namen tragen wie ihre westdeutschen Partner, vertreten eine eigene Politik. Für alle gilt, daß ihre Programme und die Quellen ihrer Unterstützung durch Wählergruppen Fragen aufgeben, die nicht leicht zu beantworten sind.

Die schwierigste Frage ist, ob hier in den alten Demokratien des Westens dasselbe wie bei Ihnen geschehen würde, wenn wir unsere Parteistrukturen von Grund auf neu bauen müßten. Mit dem Klassenkonflikt ist auch das Zweiparteiensystem zerbröckelt. Überall suchen neue Gruppen einen Platz unter den älteren und vertrauten Organisationen. Viele davon sind soziale Bewegungen, wie die Grünen, oder Parteien mit einem einzigen Thema, wie die Fünf-Sechstel-Partei in Luxemburg, die fünf Sechstel des letzten Einkommens für Rentner verlangt. Manche versuchen, traditionelle politische Grenzen zu überwinden, wie die Allianz in Großbritannien, die sich jetzt Soziale und Liberale Demokraten (SLD) nennt. In den Vereinigten Staaten wird die Politik heute (in den Worten eines Kommentators) von 536 Unternehmern betrieben, nämlich 435 Abgeordneten des Repräsentantenhauses, 100 Senatoren und einem Präsidenten.[43] (Der Zyniker könnte hinzufügen, daß Repräsentanten einen »Umsatz« von 1 Million Dollar, Senatoren einen von 10 Millionen Dollar haben und der Präsident zu seiner Wahl 100 Millionen Dollar braucht.) Ihre Frage, worauf sich denn Parteien stützen, wenn es keine Klassen mehr gibt, rührt also an einen Nerv moderner Gemeinwesen, und ich bin nicht sicher, daß meine Antwort Sie befriedigen wird.

Sie in Polen müssen so wie andere in der nachkommunistischen Welt noch ein beträchtliches Stück Weges zurücklegen, bevor Sie zu einem Teil des großen sozialdemokratischen Konsensus werden, der uns umhüllt. Wenn die ostmitteleuropäischen Entwicklungen nicht von außen oder auch von antidemokratischen Kräften im Inneren gestört werden, würde ich vermuten, daß das Pendel der normalen Politik einmal in die liberale und einmal in die soziale Richtung schwingen muß, bevor Sie das Gefühl haben können, es geschafft zu haben. Die liberale Richtung heißt dabei Balcerowicz, wenn nicht Friedman (aber hoffentlich nicht Hayek); sie verlangt, daß Volkswirtschaften, deren Batterien seit langem leer sind, wieder in Gang gesetzt werden, wobei hoffentlich die glücklicheren Länder Europas und Nordamerikas die für den Start nötige Energie zu liefern bereit sind. Die nächsten Schritte können auf mancherlei Weise getan werden: auch Perestroika kennt so viele Varianten, wie es Länder und politische Richtungen in ihnen gibt. Sie reichen von der Währungsunion in Deutschland bis zur massiven Privatisierung in Ungarn. Alle diese Schritte werden – und sollten – verstanden werden als Teil der Initialzündung der Verfassungsreform. Opposition gegen diesen Prozeß wird unweigerlich wachsen, wobei es dieser in der Regel um die sozialen Kosten des Wirtschaftswachstums gehen dürfte. Irgendwann, in vier oder auch acht Jahren (oh, wie ich hoffe, daß Sie diese Zeit für Reformen haben, die von heute aus endlos und auch bedrohlich scheinen muß!), werden andere Gruppen das Heft in die Hand nehmen. Vielleicht werden diese sich sogar Sozialdemokraten nennen.

Während all dies geschieht, wird indes unser eigenes Problem auch bei Ihnen untergründig präsent sein. Bei uns sind die Kräfte der Reform zersplittert und häufig schwach. Einerseits sind »Disparitäten der Lebensbereiche« (wie manche es nennen[44]) an die Stelle sozialer Klassen getreten. Das bedeutet, daß wir alle in einem unserer »Lebensbereiche« wie der Unversehrtheit unserer physischen Umwelt gewisse Interessen gemeinsam haben, während wir in anderen »Lebensbereichen« wie der Einkommensverteilung divergierende Interessen vertreten. Gewerkschafter und Unternehmer können also gemeinsam »grün« sein und doch auf verschiedenen Seiten des Tisches sitzen, sobald es um Lohnforderungen geht. Sonderinteressen und um sie gebildete soziale Bewegungen nehmen den Platz politischer Parteien ein; Individuen »gehören« nicht mehr zu einer Gruppe, die die meisten ihrer Anliegen verbindet, sondern wechseln ihre Wahlentscheidungen je nach der Priorität des einen oder anderen

Themas zu gegebenen Zeitpunkten. Noch haben wir die Institutionen nicht erfunden, die diesem Wandel Rechnung tragen. Nicht nur Parteien, sondern auch Parlamente sind ja um die Realität des Klassenkampfes herum entstanden, wobei die »Rechte« und die »Linke« jeweils ihren festen Platz einnimmt, der die beiden voneinander fernhält und im britischen Modell sogar miteinander konfrontiert. Das alles hat nun seinen Sinn verloren. Jedenfalls werden Sie, wenn Sie darangehen, über die Spielregeln Ihres politischen Prozesses nachzudenken, die Tatsachen des Konflikts nach dem Klassenkampf berücksichtigen müssen. Auch hier sind übrigens die »Federalist Papers« relevant, nicht zuletzt weil die amerikanische Verfassung nicht konstruiert worden ist, um im europäischen Sinne soziale Klassengegensätze widerzuspiegeln.

Es gibt eine weitere Kraft des Wandels, die noch problematischer ist und Ihnen vielleicht besonders fernsteht. Sie besteht aus den aktiven Minderheiten derer, die ein bißchen nachgedacht haben und daher in der Lage sind, diejenigen zu beraten, die in der Lage sind, solchen Rat in Handeln umzusetzen. Sie werden sich selbst wohl nicht als Intellektuellen bezeichnen, aber ich bin einer. Ich kann daher verstehen, daß der Hingang des Sozialismus nicht nur viele praktische Folgen hat und Fragen wie die von Ihnen gestellten aufwirft, sondern auch die Existenz einer Gruppe bedroht, die in der jüngeren Geschichte Europas eine beträchtliche Rolle gespielt hat. Vielleicht sind Intellektuelle keine Gruppe; sie sind ein Sammelsurium, bestenfalls eine Kategorie, aber viele von ihnen haben lange eine besondere Nähe zum Sozialismus gehabt. Der Sozialismus war eine intellektuelle Erfindung, von Saint-

Simon bis Lassalle, von Marx bis Gramsci und weiter durch die Hunderte von Seitenarmen des Marxismus, die nunmehr alle in den Rieselfeldern der ausgelaufenen Geschichte enden.

Eine einflußreiche Haltung europäischer Intellektueller in den letzten hundert Jahren hatte drei Bestandteile. (In halbherziger Weise sind diese bei der bürokratisierten Intelligenz der Universitäten und der Medien noch immer vorhanden.) Der erste lag in der Ablehnung der bestehenden Verhältnisse als von Grund auf verrottet und nicht reparaturfähig. Der zweite Bestandteil lag in der mehr oder minder entwickelten Vision einer völlig anderen Welt, in der die Mißstände der Realität abgestellt sind. Dazu kam drittens eine unerschütterliche Gewißheit sowohl was die Ablehnung als auch was die Vision betrifft. Entfremdung, Utopie und Dogmatismus bilden keine sehr attraktive Trias, wenngleich es eine ist, die fast automatisch zu Formen des Sozialismus führt, die man nicht sozialdemokratisch nennen kann.

Ich sage das ohne jedes Gefühl des Vergnügens oder der Überlegenheit. Schließlich bin ich in dieser Welt groß geworden und empfinde ein Gefühl der Freundschaft für manche von denen, die es geschafft haben, ihre sozialistischen Gewißheiten mit einer persönlichen Toleranz und Generosität zu verbinden, die ihre Überzeugungen Lügen straft. Der eine oder andere von ihnen ist dabei sogar zum »Verfassungspatrioten« geworden, ohne doch den Anspruch auf Ablehnung der Gegenwart und eine utopische Zukunft aufzugeben. Ich fühle mich viel fremder unter den neuen »Intellektuellen« der Rechten, insbesondere bei denen, die sich zur bedingungslosen und oft bösartigen

Verteidigung des Thatcherismus mit derselben Hingabe entschlossen haben, die sie früher dem Sozialismus oder gar dem Kommunismus widmeten. Es stimmt wohl, daß in den letzten Jahren das Ungewöhnliche geschehen ist: Der Geist weht rechts. Kreative Köpfe sind zu Verfechtern von im traditionellen Sinn rechten Forderungen geworden. Manche unter ihnen haben eine mehr als ephemere Bedeutung gewonnen. Während John Rawls Robert Nozick und andere überleben dürfte, die bereit sind, »Gerechtigkeit als Fairneß« zugunsten des »Minimalstaates« aufzugeben, haben doch Verfassungsökonomen und Theoretiker der *public-choice*-Schule manches zu sagen zu den Themen, um die es in diesem Brief geht.[45] Doch sind das wenige. Es bleiben viele, für die der Hingang des Sozialismus bedeutet, daß sich ein Abgrund aufgetan hat, ein großes Vakuum, das emotional und intellektuell gleichermaßen beunruhigt. Sie wissen nicht mehr, wohin sie gehen sollen, und wie die italienische Kommunistische Partei (seligen Angedenkens) oder Zeitschriften wie *Marxism Today* in England und *Die neue Gesellschaft* in Deutschland verbinden sie die mutige Bereitschaft zum Wandel mit einer beträchtlichen Verwirrung des Denkens.

Manche dieser doppelt heimatlosen Intellektuellen – »freischwebend« ohnehin und nun ihrer sozialistischen geistigen Heimat beraubt – versuchen, den Traum eines »eigentlichen« Sozialismus am Leben zu halten. Sie behaupten, daß keine seiner wirklich existierenden Formen etwas zu tun hatte mit der eigentlichen Sache; in der Tat sind sie sämtlich ein Verrat an den wahren sozialistischen Idealen. Sie sprechen vom »Sozialismus mit menschlichem Gesicht«, aber der rührende Versuch führt nicht weit. Kjell-Olof Feldt, Sozialdemokrat und früherer schwedischer Finanzminister, hat es knapp und klar formuliert: »Wenn es so schwer ist, einer Sache ein menschliches Gesicht zu geben, dann will ich mit ihr nichts zu tun haben.«[46] Ich würde denen, die sich den Sozialismus noch immer nicht aus dem Kopf schlagen können, eine intellektuelle Tradition empfehlen, die zugegebenermaßen an Zahl weniger eindrucksvoll ist, aber dafür eine Reihe von aufrechten Persönlichkeiten einschließt, die sich als immun gegenüber den Versuchungen des Dogmas und der utopischen Phantastereien erwiesen haben, als diese die geistige und politische Landschaft beherrschten. Karl Popper gehört mitten in diese Tradition. Das gilt auch für Raymond Aron und wohl für Norberto Bobbio. John Maynard Keynes und William Beveridge haben einen Platz in dieser Galerie. Max Weber findet sich in ihr trotz seiner frühen Exkursionen in nationalistische Weidegründe. Die Autoren der »Federalist Papers«, Alexander Hamilton, John Jay und James Madison, ließen sich durch die Tyrannis nicht in Versuchung führen und gehören ebenfalls in diese Tradition (wenngleich man sich fragen mag, was sie wohl zu ihrer Beschreibung als Intellektuelle gesagt hätten). Es gibt zum Glück noch weitere. Sie sind alle Kinder von Immanuel Kant, und von David Hume und John Locke vor ihm, aber sicherlich nicht von G. W. F. Hegel oder auch von Jean-Jacques Rousseau. Sie sind leidenschaftliche Verfechter der offenen Gesellschaft und zugleich engagierte Reformer. Auf dem Links-Rechts-Spektrum, das die Französische Revolution uns hinterlassen hat, sind sie nicht leicht anzusiedeln. Keynes hat das gut formuliert. Ein Konservativer konnte er nicht sein; »es würde mir keinen Spaß machen, mich auch nicht anregen oder erbauen«. Sozialist konnte er ebenfalls nicht sein; ihn bekümmerte »die Partei, die die bestehenden Institutionen haßt und glaubt, daß deren Beseitigung enormen guten Willen zum Ergebnis hätte«. Vielmehr, so schrieb er, »neige ich zu der Überzeugung, daß die Liberale Partei noch immer das beste Instrument für zukünftigen Fortschritt ist – wenn sie nur eine starke Führung und das richtige Programm hätte«[47]. Heute ist es wahrscheinlicher, daß die liberale *Partei* aus einer Minderheit von aktiven Reformern besteht, die an die Verfassung der Freiheit glauben.

Dies alles ist in gewisser Weise nebenbei bemerkt, mehr zu Ihrem Amüsement, als um Ihre Fragen zu beantworten. Vielleicht erklärt es ein bißchen, warum ich die Sozialdemokratie und auch den dritten Weg mit soviel Skepsis betrachte. Meine eigene liberale Position ist die eines Verfassungsliberalismus, der im Bereich der normalen Politik radikale Reformen befürwortet. Ich will die Anrechte des Bürgerstatus ebenso gestärkt sehen wie den Geist der Initiative und Unternehmungslust. Natürlich glaube ich, daß diese Position sowohl in Ihrer als auch in unserer Lage hilfreich ist. Der Kommunismus ist zusammengebrochen; die Sozialdemokratie ist erschöpft. Eine Zeitlang müssen wir noch mit den leeren Hülsen der Politik von gestern leben, was immer ihr Name sein mag. So werden Sie wahrscheinlich die aus den älteren Demokratien vertrauten Etikette für politische Parteien übernehmen. Aber die alte Politik ist vorbei. Verfassungsliberalismus und Sozialreform müssen eine neue Allianz bilden. Das ist weder nur Ihr Problem noch nur unseres; es ist ein europäisches Problem, das wir gemeinsam lösen müssen.

Vornehmlich von Politik, Ökonomie und den Wegen in die Freiheit

Es ist also völlig klar, wovon die Menschen in den neuen Demokratien sich abwenden wollen, und einigermaßen klar, wohin ihre Blicke gehen, aber wie man den Weg vom Sozialismus zur offenen Gesellschaft findet, bleibt eine weit offene Frage. Viele haben das überraschende Fehlen von Antworten auf diese Frage bemerkt. Wir haben eine Reihe von Ansätzen zur Erklärung der Entstehung des Kapitalismus seit dem 16. und des Industrialismus seit dem 18. Jahrhundert, und wichtige Analysen der Entwicklungen der Demokratie in Amerika und in England, doch sind diese von begrenzter Relevanz für Länder, die sehr viel weniger Zeit haben und ohnehin unter ganz anderen Bedingungen ihren Weg suchen müssen, und sei es nur, weil andere ihnen vorausgegangen sind. Wir haben auch eine beträchtliche Zahl von Theorien, die den bevorstehenden Zusammenbruch des Kapitalismus und den unausweichlichen Sieg des Sozialismus vorhersagen – zu ihnen gehört Marx' »Kommunistisches Manifest« ebenso wie Hayeks »Wege in die Knechtschaft« –, aber heute wissen wir, daß sie alle falsch sind. Wir haben keine Theorien, die uns dabei helfen können, den Übergang vom Sozialismus zur offenen Gesellschaft zustande zu bringen oder auch nur zu verstehen. Vielleicht ist auch dies ein Aspekt des großen *trahison des clercs:* Intellektuelle haben Ereignisse erklärt, die nie stattgefunden haben, und sind vor denen zurückgescheut, die hinter der Revolution von 1989 in Europa liegen.

Die Frage ist, wie sich die Verfassung der Freiheit

schaffen und fest verankern läßt. Der Kern des Problems liegt in den nicht übereinstimmenden Zeitskalen der zu diesem Zweck nötigen politischen, ökonomischen und sozialen Reformen. Diesem Problem sind Sie, wenn ich das sagen darf, eher ausgewichen. Vielleicht waren Sie zu sehr eingenommen von der offenbaren Kontinuität des politischen Wandels in Polen und auch von der Kraft gewisser Elemente der bürgerlichen Gesellschaft, insbesondere der Kirche und der Solidaritätsbewegung. Es stimmt wohl, daß andere nicht so gut daran waren; Präsident Havel muß sich auf die Begeisterung seiner Künstlerfreunde und den gesunden Menschenverstand, ja Humor des tschechischen und slowakischen Volkes verlassen; in Rumänien kann einem das Vakuum zwischen Regierung und Volk angst machen, denn es zieht allerlei alte und neue Mächte an. Aber der Anschein der Kontinuität in Polen täuscht auch, nicht nur weil er eine Zeitlang die tatsächliche Zersplitterung der Parteien verdeckte, sondern vor allem weil das Problem der Ungleichzeitigkeit von politischen, ökonomischen und sozialen Reformen überall existiert.

Wenn ich sage, daß es keine Theorie gibt, die uns dabei helfen könnte, den gegenwärtigen Übergang zu verstehen, dann übersehe ich nicht die wachsende Zahl von Büchern und Konferenzen, die Ihre Erfahrung mit der Südeuropas, Lateinamerikas und Südostasiens vergleichen. Der Harvard-Politologe Samuel Huntington (den Sie kennen, weil Sie ihm mit mir im März begegnet sind) hat einen noch weiteren Bogen für den Kontext der gegenwärtigen Entwicklungen gespannt. Er sieht große Wellen der Demokratisierung, denen Rückschläge folgen. Eine solche Welle dauerte von den zwanziger Jahren des 19. Jahrhunderts in Amerika bis zum Ersten Weltkrieg in Europa, bevor sie in der Zwischenkriegszeit rückläufig wurde. Eine zweite Welle folgte dem alliierten Sieg im Zweiten Weltkrieg, obgleich manche ihrer Erfolge von den frühen sechziger Jahren an wieder zurückgedreht wurden. Eine dritte Welle begann in Südeuropa und Lateinamerika in der Mitte der siebziger Jahre, breitete sich dann nach Asien und am Ende nach Osteuropa aus. Huntington bemerkt, daß »insgesamt, abgesehen von Osteuropa, in den fünfzehn Jahren nach 1974 zwei Dutzend Länder sich von streng autoritären Regimen hin zu primär demokratischen entwickelten, so daß 1989 ungefähr 50 Länder eine Art von demokratischen Institutionen hatten«[48].

War es nur die Ansteckungskraft der Demokratie, die diesen Prozeß in Gang gesetzt hat? Huntington legt einen starken Akzent auf ein Maß an »wirtschaftlichem Wohlstand« als Bedingung der Demokratisierung, wenngleich er äußere Faktoren (Gorbatschow) und innere Entwicklungen (»Legitimationsverfall«) in seine Liste aufnimmt. Er fügt auch eine Warnung hinzu. Konsolidierung wird erst dann plausibel, wenn ein Land den »doppelten Machtwechsel-Test« bestanden, also zwei Veränderungen der politischen Farbe der Regierung durch freie Wahlen unbeschadet überstanden hat; und die Wahrscheinlichkeit ist groß, daß lange davor *el desencanto* einsetzt, also die Enttäuschung ob des langsamen Fortschritts und der Unfähigkeit der demokratischen Institutionen und ihrer Träger, die Probleme in den Griff zu bekommen.

Solche Analogien und Verallgemeinerungen sind nützlich; doch unterscheidet sich Osteuropa in mindestens einer Hinsicht von den lateinischen Ländern Europas und Amerikas und von Asien: Keines dieser Länder mußte mit einem vergleichbaren, nahezu totalen Monopol der Partei über Staat, Wirtschaft und Gesellschaft fertig werden. In der kommunistischen Welt waren die drei ja nahezu ununterscheidbar geworden. Es gab so etwas wie die Gesellschaft als gesonderte Ebene mit eigenen Strukturen nicht, und das gleiche galt für die Ökonomie, ja den Staat; es gab nur die alles durchdringende, alles beherrschende Partei. Für die lateinischen Länder war dagegen eher das Bild einer relativ blühenden unsozialen Marktwirtschaft kennzeichnend, die den Schutz einer autoritären Diktatur genoß, wobei Menschen in Ruhe gelassen wurden, solange sie sich in ihre privaten Nischen zurückzogen, aber beim ersten Zeichen der aktiven oder auch passiven Opposition in Schwierigkeiten, das heißt unter Polizeiknüppel und in Gefängnisse oder Lager gerieten. Das gleiche galt auf den Philippinen und in Südkorea und wohl auch sonst in asiatischen Ländern. Die portugiesische »Nelken-Revolution« mag so verlockend klingen wie die »samtene Revolution« der Tschechoslowakei; tatsächlich aber ist die Beschreibung als Revolution nur im osteuropäischen Fall wirklich zutreffend, wo die allumfassenden Ansprüche der herrschenden Nomenklatura gebrochen werden mußten.

Indes sind Revolutionen für den wirtschaftlichen Fortschritt nicht sonderlich hilfreich. Volkswirtschaften brauchen Vertrauen, das auf stabilen Erwartungen beruht, und solche Stabilität ist das erste Opfer revolutionärer Unruhen. Im Leben der einzelnen bringen sie die Routine der Alltagserfahrung durcheinander und verwickeln Menschen in die seltenen, aber kostspieligen Aufregungen der Geschichte; die Leute demonstrieren auf dem Wenzeslaus-Platz, klettern durch die ersten Lücken der Berliner Mauer, sehen den verhaßten Diktator sein Gesicht verlieren und rufen mit den anderen »Nieder mit Ceauşescu!«. Das alles geschieht zudem an normalen Werktagen, wenn die meisten in ihren Fabriken oder Büros oder selbst Hörsälen sein sollten (obwohl es Studenten weniger kostet, wenn sie ihre Vorlesungen versäumen, worin einer der Gründe dafür liegen mag, daß sie bei den Aufständen der letzten Jahre eine so große Rolle gespielt haben). Alle normalen Prioritäten werden aufgehoben. Menschen verzichten aufs Essen, ohne es recht zu bemerken, und sie kommen mit weniger Schlaf aus, als sie je für möglich gehalten hätten. Wenn die große Erregung vorbei ist, finden sie es allerdings schwierig, sich wieder in die alte oder auch in eine neue Routine einzuleben; und natürlich trägt die Aufregung nicht gerade zur Erhöhung der Produktivität oder Produktion bei.

Auf der politischen Ebene ist die Versuchung groß, mit Verfassungsänderungen zu beginnen. Überdies ist das nicht nur eine Versuchung, sondern ein Erfordernis, wenn das herrschende Monopol gebrochen werden soll. Ihr Runder Tisch war kein Forum für normale Politik und konnte es auch nicht sein; an ihm konnten keine Entscheidungen über Einzelfragen der Wirtschafts- oder Sozialpolitik getroffen werden. Da ging es vielmehr um Verfassungspolitik, und das heißt um Spielregeln. Diese sind, wie ich argumentiert habe und weiter begründen werde, eine notwendige Bedingung des Weges zur Freiheit, aber sie sind keine zureichende Bedingung. Als die Französische Revolution ihre entscheidende Wendung zum Schlechteren genommen hatte und die Leute auf die Straße gingen, weil sie nichts zu essen hatten, sprach ein wütender Robespierre zum Parlament. »Was ist das«, sagte er, »sie haben die Republik, und sie rufen nach Brot? Nur Tyrannen geben ihren Untertanen Brot. Was die Verfassung dem französischen Volk schuldet, ist Freiheit, die in humanen Gesetzen verankert wird. Es ist der Genuß der heiligen Rechte der Menschheit und die Ausübung aller sozialen Tugenden, die die Republik entwickelt.«[49].

Gorbatschow ist glücklicherweise kein Robespierre, und Robespierre ist schwerlich ein Zeuge für Freiheit und humane Gesetze, aber man kann den Präsidenten der Sowjetunion einen ähnlichen Seufzer äußern hören: Was ist das, sie haben die Redefreiheit und freie Wahlen, und sie jammern über leere Regale in den Geschäften? – Der Mensch lebt gewiß nicht vom Brot allein, aber ebensowenig lebt er oder sie von Glasnost und Perestroika oder selbst von der Demokratie allein.

Lassen Sie mich die Geschichte der Französischen Revolution nicht bis hin zu *el desencanto* und weiter verfolgen, jedenfalls noch nicht. Wenn düstere Vorhersagen des Scheiterns die einzige Antwort auf Ihre Fragen wären, dann täte ich besser daran zu schweigen. Was uns an dieser Stelle begegnet, ist in der Tat eines der schwierigsten Themen der neueren Geschichte, nämlich das Verhältnis von politischer und ökonomischer Reform, wobei der soziale Wandel auf beiden Seiten noch hinzukommt. Der Zirkel läßt sich einigermaßen quadrieren, aber einfach ist die Lösung nicht, und für den Puristen bleibt sie unbefriedigend. Deng Xiaoping mag gehofft haben, daß er die

Wirtschaftstätigkeit in den Dörfern und darüber hinaus anregen könne, ohne die Göttin der Demokratie zu wecken. Die Studenten auf dem Platz des Himmlischen Friedens gaben ihm indes die Antwort, und sein Gegenangriff zerstörte viel wirtschaftliche Initiative zusammen mit den Forderungen nach politischer Teilnahme. Michail Gorbatschow mag gehofft haben, daß er durch die Beseitigung politischen Drucks wirtschaftliche Kräfte freisetzen könne. Wenn die Leute erst die Freiheit hätten, zu reden, vom Ausland zu lernen, Genossenschaften zu bilden, sogar etwas harte Devisen zu verdienen, würden sie ihre neuen Chancen ergreifen und die sowjetische Ökonomie auf einen verläßlichen Wachstumspfad führen (so meinte er). Tatsächlich geschah wenig und, schlimmer noch, die wirtschaftlichen Verhältnisse verschlechterten sich, während die politische Reform hektischer wurde. Immer neue Verfassungsänderungen wurden einer Wählerschaft zugemutet, die in zunehmendem Maße Brot und nicht die Republik wollte. Der Konflikt könnte noch zum Scheitern des großen Experiments der Reform führen.

Zudem sind die Dilemmas von Deng und von Gorbatschow nicht die einzigen Probleme, die die Beziehung zwischen politischer und ökonomischer Reform aufwirft. Selbst wenn es einem Land gelingt, wie Polen im August 1989, eine neue Regierung an die Macht zu bringen, die die Achtung des Volkes genießt und einen Wirtschaftskurs steuert, der darauf hinzielt, Initiative anzuregen und Marktbedingungen zu schaffen, entsteht unweigerlich eine höchst explosive Situation. Sie hat es mit Zeitspannen zu tun, wie ich das schon angedeutet habe. Grundlegende Verfassungsänderungen lassen sich in wenigen Monaten einführen. Sie sind zudem, wenigstens auf den ersten Blick, ein reiner Gewinn für alle außer der alten Nomenklatura, die die meisten ohnehin gerne auf der Verliererstraße sehen. (Manche von ihnen schaffen ohne Zweifel die Wende und überleben; sie bleiben eine brodelnde Quelle verbreiteter Rachegefühle.) Grundlegende wirtschaftliche Veränderungen lassen sich dagegen nicht in wenigen Monaten durchsetzen. Zumindest werden sie nicht unmittelbar wirksam. Im Gegenteil führen Wirtschaftsreformen unweigerlich durch ein Tal der Tränen. Die Dinge werden mit Sicherheit schlechter, bevor sie sich bessern. Selbst wenn eine zielstrebige Politik Waren in die Geschäfte bringt und eine Währung von echtem Wert ohne Schwarzmarkt-Wechselkurse schafft, gibt es anfangs viele, die zuwenig verdienen, um sich die Waren leisten zu können, wenn sie überhaupt noch Beschäftigung finden. Es ist schwer zu sagen, wie lange der Treck durch das Tal der Tränen dauert, aber sicher ist, daß er länger braucht als die erste Wahlperiode des neuen Parlaments, und wahrscheinlich, daß er ein Maß an Desillusionierung mit sich bringt, das den neuen Verfassungsrahmen zugleich mit den Wirtschaftsreformen bedroht, die so viel versprachen, es aber nicht rechtzeitig bringen konnten.

Ich finde diejenigen zu zynisch, die mit George Schoepflin argumentieren, daß »zu den zentralen Merkmalen der westlichen Demokratien der Primat der materiellen Interessen gehört, was von zentraler Bedeutung ist, um das politische Spiel so zu strukturieren, daß ein hohes Maß an Stabilität erreicht wird«[50]. Tatsächlich widerlegen die beiden Länder, die ich am besten kenne, diese Behauptung. Die deutsche Demokratie bleibt gerade darum instabil, weil sie so eng mit materiellem Wohlstand verknüpft ist. Selbst die befreiten Ostdeutschen suchten, so scheint es, das süße Leben der Konsumgesellschaft ebenso wie die Freiheit. Was fehlt, ist der Sinn für Institutionen, und wenn die Konjunkturentwicklung eine Wendung zum Schlechteren nimmt, muß man um die Verfassung der Freiheit fürchten. Die britische Demokratie ist andererseits durch eine lange Periode zumindest relativen ökonomischen Niederganges hin durchaus stabil geblieben. Sie blieb unberührt von den Versuchungen des Totalitarismus trotz der verbreiteten Mißstimmung in den zwanziger Jahren, als viele sich fragten, ob das Land den Krieg gewonnen, aber den Frieden verloren habe, und trotz der Tatsache, daß Großbritannien das Wirtschaftswunder nach dem Zweiten Weltkrieg beinahe verpaßte. Es hilft zweifellos, wenn demokratische Institutionen und wirtschaftlicher Wohlstand gemeinsam florieren, aber wiederum gibt es zwischen den beiden keine notwendige Beziehung, und vor allem gibt es keinen einfachen Weg, der beide garantiert.

Was ist dann zu tun? Sie haben mir so viele Fragen zu der hier beschriebenen Situation gestellt, daß ich einmal versuchen will, Ihnen eine ziemlich systematische, wenn auch unvermeidbar allgemeine Antwort zu geben, indem ich drei Prozesse andeute, die auf dem Weg zur Freiheit parallel vorangetrieben werden müssen. Hinter dem Schema liegt eine methodologische Annahme, die es mit der offenen Gesellschaft zu tun hat. Es gibt keinen notwendigen, unausweichlichen Pfad zur Freiheit, noch führt ein Königsweg zum Ziel. Was hier empfohlen wird, ist stets gefährdet und kann an jedem Punkt scheitern. Freiheit geschieht nicht von selbst, sie muß geschaffen werden. Überdies ist die Schaffung der Freiheit ein Prozeß voller Fallgruben und Überraschungen; am Ende wird das Ziel wahrscheinlich in viel weniger systematischer Weise erreicht werden, als es jede Straßenkarte nahelegt. Eine gehörige Portion Glück ist zudem nötig, um das Ziel zu erreichen. Wenn ungünstige Sterne oder feindselige Nachbarn ins Spiel kommen, wenn die richtigen Leute nicht zur richtigen Zeit auftreten, wenn unvermeidliche kleine Fehler unkontrollierbar große Folgen haben, dann kann vieles verlorengehen. Dennoch zeigt der Blick auf den Gang der menschlichen Dinge nicht nur das Bild des Weges in die Knechtschaft; es gibt durchaus die Aussicht auf den Weg in die Freiheit.

Dessen erste Stufe hat es mit der Verfassung zu tun. Das ist die Stunde der Juristen. Damit meine ich natürlich nicht die streitsüchtigen Advokaten amerikanischer Gerichte und auch nicht die Philologen esoterischer Texte in der römisch-rechtlichen Tradition, sondern Praktiker des Rechts, die die Phantasie und vergleichende Erfahrung haben, um einen Weg aus dem Monopol der Partei und den dadurch begründeten monopolistischen Strukturen in allen Lebensbereichen zu finden. Das ist das Kernthema, und es reicht nicht aus, nur die einschlägigen Artikel aus den geltenden Verfassungen zu streichen.

Eine Reihe von Erfordernissen kommen in den Sinn. Sie werden hier ohne Anspruch auf Vollständigkeit aufgeführt. Grundrechte müssen verankert werden. Gewiß gibt es viele Konventionen und Grundrechtskataloge, die Stalin nicht daran gehindert haben, Millionen umzubringen, und auch die Nomenklatura aller kommunistischen Länder nicht daran, Menschen willkürlich zu verhaften, sie zu foltern, alle Publikationen zu zensieren, Menschen am Reisen und an der freien Berufswahl zu hindern und viele andere elementare Freiheiten zu beschränken. Ihre eigene frühere Verfassung wie die Ihrer Nachbarn enthielt feierliche Versprechungen, die mit den Realitäten des alten Regimes nichts zu tun hatten, obwohl man anmerken muß, daß sie es einigen unermüdlichen Dissidenten erlaubten, ihre Forderungen im Namen des Buchstabens von Gesetzen gegen die Realitäten der Macht anzumelden. Darum sind selbst feierliche Texte nicht völlig nutzlos.

Indes liegt der Schlüssel zur effektiven Verankerung der Grundrechte im Rechtsstaat. In unserem Gespräch habe ich versucht, Ihnen die einzigartige Bedeutung dieses Begriffs nahezulegen. Der Begriff läßt sich theoretisch nicht leicht fassen. Was, wenn das Recht selbst mißbraucht wird? In den ersten Wochen seiner Macht drückte Hitler eine Reihe von Gesetzen durch das Rumpfparlament des letzten unter der Weimarer Verfassung gewählten Reichstages, die uns daran erinnern, daß der Rechtsstaat mehr ist als die Herrschaft von Gesetzen beliebiger Art. In der Tat etablierte Hitlers Ermächtigungsgesetz ebenjene Art von Monopol, die Sie jetzt beseitigen wollen. In der Praxis ist die Sache indes nicht ganz so schwierig. Im Rechtsstaat geht es nicht nur darum, daß man sich auf Gesetzestexte beziehen kann; vielmehr geht es um die Effektivität und die Substanz dieser Texte. Diese können ihrerseits in letzter Instanz nur durch eine unabhängige Gerichtsbarkeit garantiert werden, die als unbestechlich und fair anerkannt wird und neben den ordentlichen Gerichten einen Mechanismus zur Überwachung der Verfassung selbst einschließt, ob dieser nun Verfassungsgericht oder Staatsrat oder wie immer heißt.

Auch dies ist ein anspruchsvolles Projekt. Sie haben das deutlich gemacht, als Sie mich fragten, was man denn mit den vielen Richtern der unteren Instanzen tun soll, die viele Jahre lang ohne sichtbares Zeichen der Ablehnung oder des Widerwillens kommunistisches »Recht« gesprochen haben. Die oberen Richterstellen ohne Politisierung der Judikatur neu zu besetzen und eine neue Generation auszubilden, die langsam ihren Weg durch die Hierarchie nimmt, ist wahrscheinlich die einzige realistische Lösung, auch wenn der Prozeß offenkundig viel länger dauert als die sechs Monate, die ich für die Verfassungsreform erlaubt habe. Darüber hinaus ist dies einer jener Punkte, an denen man gut daran tut, sich die »Federalist Papers« vorzunehmen, und darin insbesondere Alexander Hamiltons Erörterung der Gerichtsbarkeit.[51].

Natürlich muß die Judikatur unabhängig sein von Legislative und Exekutive. Doch bedeutet das als solches wenig, wie Hamilton bemerkt, denn »die Judikatur ist ohne Vergleich der schwächste der drei Bestandteile der Herrschaft. Von ihr läßt sich wirklich sagen, daß sie weder Macht noch Willen hat, sondern nur Urteilskraft; sie muß sich am Ende selbst für die Wirksamkeit ihrer Urteile noch auf den Arm der Exekutive verlassen.« Was kann man da tun? »Nichtentlaßbarkeit« und »eine feste Besoldung für ihren Lebensunterhalt« sind offenbar zwei Dinge, die Richter brauchen.[52] Das Gerichtssystem selbst kann helfen mit einem ausgewogenen Verhältnis zwischen dem Obersten Gericht und den niederen Gerichten. Dann ist da die wichtige Frage der Rolle der Geschworenen.

Das Verfahrensrecht muß entwickelt werden. Ich erwähne diese Dinge, um noch einmal die Qualität des Prozesses der Verfassungsbildung in den Vereinigten Staaten zu betonen, aber auch um anzudeuten, daß es Verfahren gibt, die dem Recht Gewicht geben. Andere sind besser als ich dazu qualifiziert, diese im Detail auszuführen.

Der Rechtsstaat durchdringt alle Teile des Gemeinwesens einschließlich der Spielregeln der demokratischen Auseinandersetzung. Doch verlangt deren Etablierung eine eigene Anstrengung. Statt hier über Föderalismus, Wahlsysteme, Parteienfinanzierung, Zweikammer-Arrangements und dergleichen zu schreiben, will ich in diesem Zusammenhang nur einen grundsätzlichen Punkt wiederholen. Es ist völlig verständlich, daß Sie bei der Konstruktion der Verfassung der Freiheit aus den Trümmern des alten Monopols einer Partei zunächst Wert darauf legen, Macht zu teilen und zu beschränken. Soviel Demokratie wie möglich! ist die erste Maxime, die die meisten posttotalitären Verfassungsväter leitet, und unter Demokratie verstehen sie nicht nur die Herrschaft des Volkes, sondern vor allem die Verhinderung der Herrschaft der wenigen, wer immer sie sein mögen. So werden Verhältniswahlrecht und Volksabstimmungen auf Dezentralisierung, Verwaltungsrecht und Parlamentsmacht gehäuft. Sie wollen wissen, wie man Regierungen los wird, und nicht, wie man sie stark macht. Das ist schön und gut, aber es könnte Ihre Sorgen eher vergrößern, vor allem angesichts der gefährlichen Beziehung zwischen Politik und Ökonomie. Im Tal der Tränen müssen Sie sicher sein können, daß die Regierung ihre Nerven behält und nicht durch den menschenfreundlichen Wunsch, die Leiden der Bürger zu lindern, von ihrem Kurs abgebracht wird, denn das führt auf mittlere Sicht zur Katastrophe. Die zentrale Aufgabe liegt darin, ein Gleichgewicht von Kontrollen und Machtbeschränkungen einerseits und der Entscheidungsfähigkeit von Regierungen andererseits zu finden.

Auch in dieser Hinsicht gibt es keine Patentlösung. Präsident Gorbatschow war wahrscheinlich schlecht beraten, als er zu dem Schluß kam, daß er die außergewöhnlichen Vollmachten braucht, die manche irrigerweise mit der amerikanischen Präsidentschaft verbinden, um das zu tun, was zu tun ist. Ihr eigener Premierminister hat in rein konstitutioneller Hinsicht relativ wenig Macht und hat dennoch eines der drastischsten wirtschaftlichen Reformprogramme der neueren Zeit auf den Weg gebracht. Formale Macht ist kein Ersatz für inhaltliche Politik. Selbst in formaler Hinsicht gibt es Verfahren, die die Initiative der Regierenden ermutigen, ohne den Weg zu einer neuen Diktatur zu ebnen. Der britische Premierminister hat im Rahmen der parlamentarischen Demokratie ungewöhnliche Macht, die auf seiner (oder ihrer) effektiven Kontrolle der Parlamentsmehrheit beruht und auch auf dem Residualrecht, das Parlament aufzulösen und Neuwahlen auszuschreiben. Die formellere Richtlinienkompetenz des westdeutschen Bundeskanzlers wird nicht selten durch die Erfordernisse von Koalitionsregierungen illusorisch, ganz zu schweigen von den bürokratischen Hindernissen, die ihrer Ausübung im Wege stehen. Die meisten europäischen Demokratien kennen keine förmliche Gewaltenteilung; Exekutive und Legislative sind in der Regel eng miteinander verzahnt. Ihre Trennung und die in die Verfassungspraxis eingebaute Mischung von Kooperation und

Konflikt zwischen Weißem Haus und Kapitol ist bekanntlich die Hauptbegrenzung der Präsidialmacht in den Vereinigten Staaten. Eine besonders relevante Debatte zu diesen Themen findet gegenwärtig in Italien statt, wo eine lange Periode der Koalitionsregierung von fünf Parteien (dem sogenannten *pentapartito*) den Wählern das begründete Gefühl gibt, daß sich nichts mehr bewegt. Ebendies müssen Sie vermeiden. Welches Modell auch immer Sie wählen, es muß zugleich schützen und befähigen: das Land vor der Tyrannei schützen und die Regierung zum Regieren befähigen.

Das führt uns zurück zu den Elementen der Wirtschaftsordnung, die in die Verfassung gehören und nicht in die Sphäre der normalen Politik. Ich habe das Privateigentum, das Vertragsrecht und bestimmte grundlegende wirtschaftliche Freiheiten erwähnt. Verfassungsökonomen möchten gerne noch weiter gehen. Die Beziehungen zwischen der Zentralbank und der Regierung zum Beispiel sind ein wichtiges Thema, und es spricht viel für eine unabhängige Zentralbank. Auch hier wieder liegt der Schlüssel im Aufbrechen aller Formen des Monopols. Was immer nach einem staatlichen Monopol über ökonomische Vorgänge schmeckt, muß durch die Grundregeln des Spiels beseitigt werden. Mehr als im Bereich der politischen Strukturen ist hier die Erfahrung anderer relevant. Als die chinesischen Führer noch reformgesonnen waren, wußten sie sehr wohl um das Verhältnis von Rechtsregeln und wirtschaftlichem Erfolg und hatten einen eigenen Minister für Wirtschaftsrecht, der die Demokratien der Welt bereiste; er muß viel nützliches Material gesammelt haben, ohne es in China verwenden zu können. Auch in der Sowjetunion ist das Verhältnis von Recht und Wirtschaft ein Hauptthema. Und dann ist da Ostdeutschland, wo man die Einführung eines kompletten Systems neuer Rechtsregeln für das Wirtschaftsverhalten in der Form der alten Regeln des westdeutschen Rechts beobachten kann, wenngleich der Film in Zeitlupe abgespielt werden muß, um für andere einen Sinn zu haben.

Soviel sei gesagt zur Stunde der (Verfassungs-)Juristen. Ihr folgt die Stunde der Politiker. Nach der Verfassungsgebung beginnt die normale Politik. Da ich dies schreibe, kommt mir der Gedanke, daß solche Formulierungen in die Irre führen. Hier ist nämlich nicht von einer Abfolge von Prozessen die Rede, in der zuerst die Verfassung konstruiert und dann die Wirtschaftspolitik angepackt wird. Tatsächlich müssen beide Prozesse gleichzeitig in die Wege geleitet werden. Der Unterschied – und die Spannung – zwischen ihnen liegt in der Tatsache, daß zwar die Verfassungspolitik die Regeln sowohl für politische als auch für ökonomische Reform einschließt, daß aber die beiden in der normalen Politik auseinanderfallen, ja sogar einander widersprechen können. Hier werden die unvereinbaren Zeitrhythmen der politischen und ökonomischen Reform relevant, durch die jede der beiden zur Bedrohung der anderen wird. Habe ich Lech Walesa in einer Rede unlängst sagen hören, daß die Demokratie eine Zeitlang suspendiert werden muß, um die Wirtschaftsreformen voranzutreiben? Jedenfalls sind in der Tschechoslowakei Stimmen laut geworden, die gerne die wirtschaftlichen Veränderungen etwas verlangsamen wollen, um die Demokratie nicht zu gefährden. Lassen Sie mich ein bißchen spekulieren über das, was geschehen müßte, um solche Widersprüche erträglich zu machen, und wie man das bewerkstelligen könnte, oder vielmehr, lassen Sie mich eine Geschichte erzählen, die solche Spekulation und – wer weiß? – vielleicht sogar das Handeln anregen kann.

Das wirtschaftliche Monopol zu brechen bedeutet notwendig die Einführung von Elementen des Marktes. Gleichgültig, welche Begriffe wir verwenden – Preise, Konkurrenz, Anreize, sogar Vertrag –, sie alle verlangen eine Mehrzahl von Akteuren, die nicht durch Gosplan oder irgendein anderes bürokratisches Monstrum koordiniert werden, sondern durch weniger sichtbare Hände. Tatsächlich dürften einige dieser Hände sichtbarer sein als andere; der reine Lehrbuch-Kapitalismus ist, wie ich zu zeigen versucht habe, weder wahrscheinlich noch generell wünschenswert; die Realität ist niemals bloß Anwendung der reinen Lehre, und die Freiheit ist immer voller Vielfalt und ohne straffe Ordnung. Eine Art von Marktwirtschaft folgt also aus den Verfassungsbedingungen der offenen Gesellschaft; doch kann dies durchaus eine soziale Marktwirtschaft sein.

Ich sehe Sie überrascht aufblicken: doch ein »dritter Weg«? Nein, es ist nichts dergleichen. Lassen Sie mich meine Version der Vor- und Frühgeschichte der Bundesrepublik geben, von der ja der Begriff der Sozialen Marktwirtschaft abgeleitet ist. Dies ist kein Modell, geschweige denn ein System, wohl aber eine Erfahrung, die zu bedenken sich lohnt auf dem Weg in die Freiheit. Die Geschichte begann mit der Währungsreform vom 20. Juni 1948. Über Nacht verlor die alte Reichsmark ihren Wert, und die Deutsche Mark wurde eingeführt. (Dies geschah in Westdeutschland und brachte ganz nebenbei jene Teilung des besetzten Deutschland hervor, die 41 Jahre später mit der Öffnung der Mauer und 42 Jahre später mit der Währungsunion endete.) Kern dieses Prozesses war es, jedem Bürger ein Anrecht auf wirkliches Geld zu garantieren; am Anfang empfing jeder und jede einzelne 40 Deutsche Mark in bar als eine Art Eintrittskarte zum neuentdeckten Markt. Nach einiger Zeit konnten persönliche Ersparnisse zum Kurs von 10:1 umgetauscht werden, aber in einem wichtigen Sinn war die Währungsreform die Stunde Null des sozialökonomischen Lebens.

Die technische Maßnahme der Währungsreform war von den Alliierten entworfen und mit Hilfe des Vorläufers des westdeutschen Parlaments, des (Dreizonen-)Wirtschaftsrates, eingeführt worden. Es sollte sich indes als ebenso wichtig erweisen, daß der Wirtschaftsrat im März 1948 einen Direktor für Wirtschaft mit Namen Ludwig Erhard ernannt hatte. Mitten im Krieg, im Jahre 1943, hatte Erhard, der damals Professor an der Nürnberger Handelshochschule war, ein Memorandum über die Nachkriegswirtschaft verfaßt, in dem er die deutsche Niederlage voraussetzte und unzweideutig formulierte: »Das erstrebenswerte Ziel bleibt in jedem Falle die freie, auf echtem Leistungswettbewerb beruhende Marktwirtschaft mit den jener Wirtschaft immanenten Regulativen.«[53] Im Jahre 1948 und für die folgenden fünfzehn Jahre ging Ludwig Erhard daran, seine Theorien zu praktizieren. Er gab sofort die meisten Preise frei und hob alle Rationierung auf. Helmut Schmidt hat uns unlängst daran erinnert, daß manche anderen Dinge etwas länger brauchten; Mietkontrollen zum Beispiel blieben für mehrere Jahre in Kraft, und die volle Konvertibilität der Deutschen Mark wurde nicht vor den späten fünfziger Jahren erreicht.[54] Aber die strategische Entscheidung zur Freigabe der Preise wurde sofort getroffen, und sie hatte dramatische Folgen. Der schwarze Markt brach zusammen, und Waren erschienen in den Geschäften; die meisten Leute allerdings konnten sich die ersehnten Güter nicht leisten; sie schimpften und fürchteten um ihre Zukunft; die Sozialdemokraten stellten im Bundestag die Vertrauensfrage. Aber Ludwig Erhard überlebte, mit der Mehrheit von einer Stimme, und blieb beharrlich auf seinem Kurs, bis die Dinge sich zum Besseren wendeten.

Trotz seines Professorentitels war Erhard kein Theoretiker. Seine Theorie speiste sich aus anderen Quellen, direkt vor allem aus den Werken von Erhards Berater Alfred Müller-Armack, der später, 1952, sein Staatssekretär wurde. Müller-Armack hatte den Begriff der Sozialen Marktwirtschaft erfunden. Sein Aufsatz aus dem Jahre 1948 unter dem Titel »Vorschläge zur Verwirklichung der Sozialen Marktwirtschaft« ist beinahe das »Federalist Paper« zur Wirtschaftsreform. Er erörtert die Verfassungsvoraussetzungen des Marktes, die Bedingungen des effektiven Überganges vom Plan zum Markt, und die Bereiche, in denen es nötig ist, flankierende soziale Maßnahmen einzuführen. Die Liste der letzteren ist nicht sehr eindrucksvoll. Beschäftigte müssen human behandelt werden, ohne daß dadurch die Verantwortung der Unternehmer eingeschränkt wird. Der Wettbewerb muß durch gewisse Regeln begrenzt werden. Eine Anti-Monopol-Politik ist nötig. Erst bei den Themen des Wohnungsbaus und der Sozialversicherung zeigte Müller-Armack einen gewissen Sinn für politische Erfordernisse jenseits der reinen Lehre der unsichtbaren Hand.[55]

Es überrascht daher nicht, daß Müller-Armack von der These ausging, »daß wir uns in Zukunft zwischen zwei grundsätzlich voneinander verschiedenen Wirtschaftssystemen zu entscheiden haben, nämlich dem System der antimarktwirtschaftlichen Wirtschaftslenkung und dem System der auf freie Preisbildung, echten Leistungswettbewerb und soziale Gerechtigkeit gegründeten Marktwirtschaft«. Sieht man von der Gerechtigkeit ab, so drängt sich nicht gerade an vielen Punkten dieses Programms der Eindruck des Sozialen auf. Aber schließlich war Müller-Armack der Theoretiker und Erhard der Praktiker. Erhard zögerte nicht, einzugreifen, wenn es angezeigt schien. Er war sicherlich kein Hayekianer. Seine Brandreden gegen Mißbräuche der Freiheit, seine Ermahnungen zum moralischen Marktverhalten wurden seinerzeit von manchen verlacht, aber sie verfehlten doch ihre Wirkung nicht, zumal der Minister die Sünder unmittelbar und mit aller Deutlichkeit angriff.

Indes war dies alles nur die eine Hälfte der Geschichte. Erhard war Mitglied einer Regierung unter dem katholischen Bundeskanzler Adenauer. In der Tat, als der liberale Protestant Erhard zum Minister ernannt wurde, war er noch nicht einmal Mitglied der Partei, deren Vorsitzender er fünfzehn Jahre später werden sollte, der Christlich-Demokratischen Union (CDU). In den frühen Jahren der Bundesrepublik stand die CDU stark unter dem Einfluß der päpstlichen Enzykliken zur Sozialreform, *Rerum Novarum* (1891) und *Quadragesimo Anno* (1931). Auch war ihr Führer ein Mann, der abgesehen von seinem Katholizismus wußte, wie man Macht erringt und behält, und der daher eine frühzeitige Übereinkunft mit den von Hans

Böckler geführten Gewerkschaften suchte. Nimmt man den indirekten, aber beträchtlichen Einfluß der Besatzungsmächte, und vor allem des vom britischen Gewerkschaftsführer zum Außenminister avancierten Ernest Bevin hinzu, dann beginnt man zu verstehen, wie es kam, daß ein und dieselbe Regierung sowohl Müller-Armacks System predigte als auch die Mitbestimmung in der Kohle- und Stahlindustrie, eine gewerkschaftsfreundliche »Betriebsverfassung« für alle Unternehmen und ein teures System der Rentenversicherung wie auch der Gesundheitsversorgung einführte und damit Deutschland zu einem der höchstentwickelten Wohlfahrtsstaaten Europas machte.

Der hier erzählten Geschichte wäre vieles hinzuzufügen, viel Geschichte, viel Politik, vieles über die Rolle des Zufalls und die Fehler auf dem Weg. Indes bleibt die zentrale Tatsache davon unberührt. Ludwig Erhard mochte den Begriff einer Sozialen Marktwirtschaft, den sein Mentor und Berater Alfred Müller-Armack ihm eingeflüstert hatte. Aber seine eigenen politischen Präferenzen rechtfertigten schwerlich das Wort »sozial«. In letzter Instanz glaubte er, daß der Markt alle Probleme von selbst lösen würde, wenn man es ihm nur gestattete, hinlängliches Wachstum hervorzubringen. Das soziale Element in der deutschen Volkswirtschaft kam durch eine andere Tür hinein, durch den »Arbeitnehmerflügel« der Christlich-Demokratischen Union, der in seinem Programm katholisches Reformdenken und Gewerkschaftsinteressen mühelos verband. Die Soziale Marktwirtschaft ist also ein Hybrid, eine Kreuzung von scheinbar unvereinbaren Bestandteilen, die im deutschen Fall ein ansehnliches Gewächs hervorbrachten. Es gibt also kein »System«, das man Soziale Marktwirtschaft nennen könnte; es gibt nur eine Realität, die unter besonderen, wenn auch nicht notwendig einmaligen Umständen entstanden ist.

Die Reise durchs Tal der Tränen dauerte im Fall der Bundesrepublik vier, wenn nicht fünf Jahre. In der Tat kostete es die CDU beinahe die erste Bundestagswahl eineinviertel Jahre nach der Währungsreform von 1948 und Erhards schmerzhaften Maßnahmen der Liberalisierung. Von Mißtrauensvoten abgesehen gab es ständige Proteste gegen das, was die Sozialdemokraten eine Politik für die Reichen nannten, die die Armen nur ärmer macht. Indes kamen eine Reihe von Faktoren Ludwig Erhard zur Hilfe. Einer war die miserable wirtschaftliche Lage der meisten Deutschen, als er begann. Die Dinge konnten nur besser werden. Ein anderer Faktor lag im Wirtschaftsklima der Nachkriegszeit, das in nicht geringem Maße von der amerikanischen Konjunktur beeinflußt wurde, deren Aufschwung schon am Anfang der vierziger Jahre begonnen hatte. Ein weiterer Faktor lag im Marshallplan, der in Deutschland besonders nachhaltige und günstige Wirkungen zeitigte. Ohne Zweifel wurden Blut, Schweiß und Tränen auf dem Treck durch das Tal auch durch die Sozialpolitik etwas erträglicher, die den allmählichen Wirtschaftsaufschwung begleitete. Auf diese Weise empfand eine hinlängliche Zahl von Wählern zum Zeitpunkt der zweiten Bundestagswahl im September 1953, daß der tiefste Punkt des Tals hinter ihnen lag und die Dinge sich zum Besseren gewendet hatten. So wuchs die Unterstützung für Adenauers Partei ständig an, bis sie weitere vier Jahre später die CDU/CSU zur absoluten Mehrheit im Bundestag führte.

Manche Lehren lassen sich aus der deutschen Geschichte ziehen. Die wichtigste darunter ist, daß es so etwas wie eine nahtlose Wirtschaftspolitik nicht gibt. Jedenfalls ist eine erfolgreiche Reform der Wirtschaftsordnung nicht eine Politik aus einem Guß. Selbst das bevorzugte Modell der meisten, die deutsche Soziale Marktwirtschaft, ist tatsächlich eine Kreuzung von Ideen und eine Konstellation von Personen. Die offene Gesellschaft siegt. Gewiß ist die Rolle des Marshallplans und der weltwirtschaftlichen Konjunktur zu bedenken. Aber wenn wir die letzte Antwort auf die Frage suchen, wie das deutsche Wirtschaftswunder zustande kam, fällt ein nicht unmittelbar offenkundiger Sachverhalt ins Auge. Er hat es mit einer eigentümlichen, seltenen, aber nicht unbedingt einmaligen Konstellation von Personen zu tun. Die Konstellation ist ein Dreieck. An der Spitze – wo sonst? – stand Adenauer, der die Position und Statur hatte, um die anderen politisch abzustützen. Ohne ihn hätte Ludwig Erhard seinen entschiedenen Kurs der Liberalisierung nicht durchsetzen können. Als Ludwig Erhard im Jahre 1963 selbst Bundeskanzler wurde, versagte er kläglich bei dem Versuch, eine ähnliche Statur mit der Stellung des Regierungschefs zu verbinden. Unter dem schützenden Schirm von Adenauers politischer Cleverneß und Zielgewißheit und mit der Unterstützung von Müller-Armack, der sowohl die nötigen Ideen einbrachte als auch eine plausible Sprache, um diese zu »verkaufen«, konnte Erhard seinen Namen als »Vater der Sozialen Marktwirtschaft« in die Geschichtsbücher eintragen. Gerechterweise sollte er diesen schmückenden Beinamen mit denen teilen, die die dritte Ecke des Dreiecks besetzten und die heute beinahe vergessen sind, vor allem mit Theodor Blank, dem ersten

Bundesminister für Arbeit und Soziales, mit Hans Katzer, dem frühen Vorsitzenden der »Sozialausschüsse« der CDU, und mit dem Führer des Deutschen Gewerkschaftsbundes (DGB), Hans Böckler.

Sie mögen meinen, daß ich ein gutes Stück abgekommen bin von der postkommunistischen Welt, aber ich versichere Ihnen, daß das jedenfalls nicht meine Absicht war. Mein Thema ist noch immer die Beziehung zwischen politischer und wirtschaftlicher Reform und die Frage, wie man die Spannungen zwischen ihnen erträglich machen, ja zum Nutzen der Menschen wenden kann. Der Schluß ist, daß mehr als ein politischer Führer nötig ist, um das Mirakel zustande zu bringen. Einer muß den Schutzschirm der politischen Macht liefern, einer muß den praktischen Mut haben, die Wirtschaft von der zentralen Planung zu befreien und in die offeneren Weidegründe des Marktes zu führen, und einer muß auf bestimmten sozialpolitischen Maßnahmen bestehen, die als solche angemessen sind und zugleich die schmerzhafteren Nebenwirkungen des neuentdeckten Marktes erträglich machen. Mazowiecki, Balcerowicz und Jacek Kuron vielleicht? Ich weiß es nicht. Es ist auch unwahrscheinlich, daß viele Länder mit der ganzen Trias zu ein und derselben Zeit gesegnet sein werden. Aber wünschenswert ist dies schon im Hinblick auf die normale Politik des Überganges. Die Tatsache, daß Präsident Gorbatschow eine solche Konstellation nicht gefunden hat, ist wahrscheinlich einer der Gründe für das Versagen seiner Perestroika.

Der Formalprozeß der Verfassungsreform braucht mindestens sechs Monate; ein allgemeines Empfinden, daß die Wirtschaftsreform erfolgreich war und die Dinge auf gutem Wege sind, breitet sich wahrscheinlich erst nach sechs Jahren aus; die dritte Bedingung des Weges in die Freiheit liegt in der Schaffung der sozialen Grundlagen, durch die Verfassung und Volkswirtschaft von Schönwetter- zu Allwetterinstitutionen werden, die allen inneren und äußeren Stürmen widerstehen können, und sechzig Jahre sind kaum genug, um diese Fundamente zu legen. In diesem Jahr erleben wir ja einen großen historischen Test für den Erfolg eines solchen Versuches, indem die Bundesrepublik Deutschland nach vierzig Jahren der stetigen Entwicklung durch die deutsche Vereinigung und Deutschlands neue Rolle in Europa herausgefordert wird, die Kraft ihrer Demokratie, ihrer Marktwirtschaft und ihrer bürgerlichen Gesellschaft unter Beweis zu stellen. Die bürgerliche Gesellschaft ist der Schlüssel. Sie verknüpft die unterschiedlichen Zeitskalen und Dimensionen der politischen und ökonomischen Reform. Sie ist der Boden, in dem beide verankert werden müssen, um nicht weggeblasen zu werden. Die Stunde des Juristen und die Stunde des Politikers bedeuten wenig ohne die Stunde des Bürgers.

Die Begriffe Bürger und bürgerlich bleiben im Deutschen mißlich. Ihr Doppelsinn mag einer der Gründe sein, warum sie es in der deutschen Geschichte so schwer gehabt haben. Doch führt kein Weg an den Begriffen vorbei, auch nicht der schamhafte Ersatz »Zivilgesellschaft«. In Ostmitteleuropa ist die bürgerliche Gesellschaft in Mode gekommen. Timothy Garton Ash hat ihre »zentrale Rolle im Denken der Opposition« beschrieben: »Es soll Formen der Assoziation geben, nationale, regionale, lokale, berufliche, die freiwillig, authentisch, demokratisch und, zuerst und zuletzt, nicht kontrolliert oder manipuliert sind von der Partei oder ihrem Staat. Menschen sollen ›bürgerlich‹ sein in ihrem Verhalten; das heißt höflich, tolerant und vor allem gewaltlos. Bürgerlich und zivil. Die Idee der Bürgerrechte ist ernst zu nehmen.« Garton Ash vermutet, daß »die rudimentäre Vorstellung gewöhnlicher Männer und Frauen davon, was es bedeutet, eine bürgerliche Gesellschaft zu schaffen, den politischen Theoretiker vielleicht nicht befriedigt«[56]. Wenn das der Fall ist, sind Zeithorizonte einer der Gründe. Die freiwilligen, authentischen, demokratischen Assoziationen der Flitterwochen des Wandels können ebenso schnell in sich zusammenfallen und verschwinden, wie sie zum Vorschein gekommen sind. Es gab Tränen, als das ostdeutsche Neue Forum aus den Märzwahlen 1990 mit 2,9 Prozent hervorging, und andere Forum-Gruppen in den übrigen postkommunistischen Ländern sind seitdem auf den abschüssigen Weg ins Vergessen geraten. Ihr Landsmann Adam Michnik, der es nach Temperament und Lebensumständen immer eilig hat, beschrieb das erste Jahr der Existenz von Solidarność als »das Versprechen einer bürgerlichen Gesellschaft«[57]. Ich hörte ihn sagen: »Als wir merkten, daß wir Sklaven sind, wußten wir, daß wir Bürger geworden waren.« Bewegende Worte, aber Worte über Bürger im Herzen und (noch) nicht in der wirklichen Welt. Als T. H. Marshall über Staatsbürgerrechte in Großbritannien schrieb, gab er der vollen Entfaltung des Gedankens drei Jahrhunderte Zeit.[58]

Institutionen bauen, und gar eine bürgerliche Gesellschaft, ist ein höchst schwieriger Gedanke. Der Pate dieses Briefes, Edmund Burke, mochte den Begriff der bürgerlichen Gesellschaft. Aber obwohl er betonte, daß »die bürgerliche Gesellschaft zum Vorteil der Menschen gemacht wird«, glaubte er das Wort »gemacht« in seiner Aussage nur halb. »Gesellschaft ist in der Tat ein Vertrag«, schrieb er, aber die von diesem Vertrag gestiftete Partnerschaft »läßt sich in vielen Generationen nicht zustande bringen, sie wird zu einer Partnerschaft nicht nur zwischen den Lebenden, den Toten und den noch Ungeborenen«, sondern sie ist auch »eine Klausel in dem großen Urvertrag der ewigen Gesellschaft«[59]. Burke hatte es vergleichsweise leicht, lebte er doch in England mehr als 500 Jahre nach der Magna Charta. James Madison lebte auf jungfräulicherem Boden. Er mußte Institutionen erfinden, um sie zu schaffen. »Gerechtigkeit ist das Ziel der Regierung, sie ist das Ziel der bürgerlichen Gesellschaft.«[60] Das verlangt nicht nur Gewaltenteilung und Dezentralisierung, sondern auch praktischere Garantien. Das repräsentative System ist eine solche Garantie; Madison erkannte früh, daß Plebiszite und Referenden in ihrer Wirkung tyrannisch sein können. Größe ist eine Garantie; Minderheiten sind in kleinen Ländern stärker bedroht als in großen. Dann aber brachte er eine geniale Idee ins Spiel: »Während alle Herrschaft von der Gesellschaft abgeleitet wird und daher von ihr abhängt, wird die Gesellschaft selbst in so viele Teile, Interessen und Klassen von Bürgern aufgespalten, daß die Rechte der einzelnen oder der Minderheit kaum in Gefahr geraten können durch Interessenverbindungen der Mehrheit.« Mit anderen Worten, die Vielfalt von Gruppen und Organisationen und Verbänden schafft hinlängliche Garantien und Gegengewichte, um jede Usurpation der Macht zu verhindern.

Burke und Madison ging es nicht in erster Linie um den Staat; zu ihrer Zeit hatte dieser noch nicht das ganz große Hegelsche S angenommen, das ihn zu einer der großen Bedrohungen der Freiheit im 20. Jahrhundert macht. Heute geht es – für Adam Michnik, Janos Kiš und viele »gewöhnliche Männer und Frauen« – bei der bürgerlichen Gesellschaft um lebhaft sprudelnde Quellen der Macht außerhalb des Staates und häufig gegen den Staat. Das bedeutet die Schaffung eines dichten Netzes von autonomen Institutionen und Organisationen, das nicht ein Zentrum hat, sondern tausend Zentren, so daß es nicht leicht von einem als Regierung oder Staatspartei verkleideten Monopolisten zerstört werden kann. Die bürgerliche Gesellschaft erhält sich in gewisser Weise selbst. Man denkt etwa an die italienische Gesellschaft, die Mafia eingeschlossen, wenngleich dieser Zusatz das Risiko bezeichnet, das eine bürgerliche Gesellschaft eingeht, wenn es nicht zugleich gewisse Regeln und Prozeduren gibt, an die sich alle gebunden fühlen. Darum ziehe ich es vor, die bürgerliche Gesellschaft als den Ankerplatz für die Verfassung der Freiheit zu verstehen, zu der politische ebenso wie ökonomische Elemente gehören. Beide sind nötig, bürgerliche Gesellschaft und Staat, aber sie haben beide ihren eigenen Existenzgrund und ihre eigene, autonome Realität.

Kann man eine bürgerliche Gesellschaft in diesem Sinn schaffen? Wir müssen es versuchen. Bürgerrechte können sicher geschaffen werden. Die Anrechte, die sich mit der Mitgliedschaft in einer Gesellschaft verbinden – einer nationalen Gesellschaft, bis es eine Weltgesellschaft gibt –, sind eine Sache der Gesetzgebung und der sie flankierenden Politik. Bürgerliche, politische und soziale Rechte müssen zu Bauelementen des sozialen und politischen Gemeinwesens werden. Das schöpferische Chaos von Organisationen, Verbänden und Institutionen ist nicht so leicht zu schaffen und sollte vielleicht überhaupt nicht als Aufgabe der bewußten Konstruktion verstanden werden. Derlei bewußte Planung führt nur allzuleicht zu einem Brasilia statt einem Rio de Janeiro, einem künstlichen Machwerk, dem Menschen immerfort zu entrinnen suchen, um die Winkel und Nischen einer gewachsenen Wirklichkeit zu finden. Vielfalt ist zu ermutigen; die Aufgabe des bewußten Handelns liegt darin, Möglichkeiten zu eröffnen, und nicht, im einzelnen zu planen oder auch zu bauen. Kleinunternehmen müssen gestattet und gefördert werden. Die Medien müssen frei sein und eine Vielzahl von Auffassungen verkörpern. Politische Parteien brauchen angemessene Finanzierung und müssen unabhängig sein vom Staat. (Möglicherweise ist es ebendarum keine so gute Idee, ihre Existenz und Binnenstruktur in einem Verfassungsartikel zu verankern.) Wichtige Institutionen müssen in der Lage sein, sich selbst zu verwalten, auch wenn ihre Finanzierung teilweise vom Staat stammt. Das gilt für die Kirchen, die Universitäten, die Künste. Zulassungsverfahren für freiwillige Organisationen müssen auf ein Minimum reduziert werden. Recht und Steuersystem müssen die Schaffung von Stiftungen und anderen Methoden der Philanthropie fördern. Das Prinzip der Subsidiarität sollte das ganze Gemeinwesen durchziehen, so daß der Staat nur dann die Bühne betritt, wenn niemand anders bereit ist, auf ihr zu erscheinen.

Dies alles und manches Weitere ist eine große Aufgabe,

und es reicht dennoch nicht aus. Wenn Autonomie gegeben werden kann, kann sie auch genommen werden. Wenn Organisationen von Außenfinanzierung und zumal öffentlicher Finanzierung abhängig sind, besteht für sie immer ein Risiko. Das Geheimnis der Vereinigten Staaten von Amerika liegt darin, daß die bürgerliche Gesellschaft zuerst da war und der Staat erst später kam, von Gnaden der bürgerlichen Gesellschaft sozusagen. Der Sinn der »Federalist Papers« liegt ja in der Absicht, Gründe dafür zu liefern, warum es überhaupt eine Bundesregierung geben muß, und unter welchen Umständen sie sich ertragen läßt. Ähnlich gilt in England, daß absolute Herrscher nie jene Vorherrschaft über die Feudalherren und andere Quellen lokaler Macht gewannen, die sie auf dem Kontinent hatten. Die Schweiz ist noch heute eher eine bürgerliche Gesellschaft, wenngleich eine ziemlich organisierte, als ein Staat. Andererseits fanden und finden sich Länder in Schwierigkeiten, die die bürgerliche Gesellschaft sozusagen im nachhinein schaffen mußten. Hier nämlich mußten die Bürger gleichsam Macht von denen borgen, die sie kontrollieren wollten.

Dies gilt in besonderem Maße in der postkommunistischen Welt. »Wir sind das Volk!« ist eine schöne Parole, aber als Verfassungsmaxime ist sie ein Spiegelbild des totalen Staates, der gerade beseitigt worden ist. Wenn das Monopol der Partei nur durch den Sieg der Massen ersetzt wird, dann wird binnen kurzem alles verloren sein, denn die Massen haben weder Struktur noch Dauer. Einmal mehr sind Sie glücklich daran in Polen, wie dies Adam Michnik fast instinktiv bemerkt hat, und man muß hoffen, daß der relative Rückzug der Kirche und die wahrscheinliche Aufsplitterung der Solidaritätsbewegung nicht die Prinzipien zerstören, auf denen Ihre nationale Freiheit beruht. Die Schlüsselfrage ist, wie die Leere zwischen dem Staat und dem Volk – die manchmal, wie in Rumänien, beängstigende Ausmaße annimmt – gefüllt werden kann durch Formen des Zusammenwirkens, deren Autonomie soziale Quellen der Macht schafft. Bevor das erreicht ist, werden die Verfassung der Freiheit und auch die Marktwirtschaft, sei sie sozial oder mit anderen Adjektiven versehen, in der Luft schweben.

Außer bewußten Bemühungen und einem förderlichen Klima der öffentlichen Dinge ist vor allem eine Geisteshaltung erforderlich. Timothy Garton Ash hatte ganz recht, an diesem Punkt die Wörter »bürgerlich und zivil« einzubringen. Eine bürgerliche Gesellschaft ist zivil, ja zivilisiert; sie erfordert Männer und Frauen, die andere respektieren und, wichtiger noch, die in der Lage und willens sind, Aufgaben selbst anzupacken und dadurch andere zu ermutigen, so daß allmählich die notwendigen Instrumente des Handelns geschaffen werden. Das sind selbstbewußte Männer und Frauen, die keine Angst und auch keinen Grund zur Angst haben, also Bürger. Ich halte nicht viel von Begriffen wie »aktive Staatsbürgerschaft«, die den Akzent vornehmlich auf die Verpflichtungen legen, die sich mit der Mitgliedschaft in einer Gesellschaft verbinden. Gewiß gibt es solche Pflichten, wie den Gehorsam gegenüber den Gesetzen oder das Steuerzahlen; doch sollten diese so begrenzt wie möglich gehalten werden und zum Beispiel nicht die Wahlpflicht einschließen. Das Recht, nicht zur Wahl zu gehen, ist ebenso wichtig wie das Recht, nicht zu arbeiten. Überdies sind Pflichten rein als solche zu verstehen; sie dürfen nicht zu Voraussetzungen der Anrechte der Staatsbürger gemacht werden. Bürgerrechte sind im Prinzip unbedingt. »Keine politische Vertretung ohne Steuerzahlen« – eine echte »Wahlsteuer« – wäre eine Perversion des Bürgerstatus, und das gilt auch für die in England und Amerika erörterten Formen der *workfare*, wonach Ansprüche auf Sozialhilfe nur für diejenigen bestehen, die zu arbeiten bereit sind, womit die Zwangsarbeit durch die Hintertür eingeführt wird. Trotz solcher Einwände bleibt es indes richtig, daß die Staatsbürgerschaft nicht nur ein passiver Status ist. Sie ist die Chance, ein aktives und erfülltes Leben der Teilnahme am politischen Prozeß, am Arbeitsmarkt, an der Gesellschaft zu führen. Um die Chance wahrzunehmen, sind gewisse Bürgertugenden unentbehrlich, einschließlich des zivilisierten Verhaltens, aber auch der Selbständigkeit im Denken und Handeln. Dieser Aspekt der bürgerlichen Gesellschaft läßt sich nicht herstellen; er muß wachsen, und er wächst sicher nicht in einem Sommer oder einer Legislaturperiode. Sechzig Jahre mögen ein allzu entmutigender Zeithorizont für die Realisierung der bürgerlichen Gesellschaft sein; ohnehin sind die Umstände von Land zu Land und von Gesellschaft zu Gesellschaft verschieden; aber eine Generation ist sicherlich erforderlich, und vielleicht müssen wir auch in dieser Hinsicht auf den »Test des doppelten Wechsels« warten, wobei es hier Generationen und nicht Machtpositionen sind, die wechseln.

Es wird Ihnen nicht entgangen sein, daß ich bei diesem Wegweiser zum Ziel der Freiheit (denn um eine Theorie handelt es sich kaum) die Argumentation in zunehmend düstere Farben getaucht habe. Die Stunde der Juristen gibt zu euphorischen Empfindungen Anlaß, denn sie ist erfüllt von sichtbaren Fortschritten; die Stunde der Politiker knistert zuweilen vor Spannung, wirkt aber im ganzen erfrischend; die Stunde der Bürger zieht sich hin durch zahlreiche Höhen und Tiefen, und Erfolg läßt sich nie wirklich messen. Täuschen wir uns daher nicht: die Route, die ich hier vorzuzeichnen versucht habe, steckt voller Risiken und Hindernisse. Noch einmal sei gesagt, daß die Freiheit nicht einfach geschieht. Sie muß geschaffen werden; sie muß an jedem Punkt ihrer Ausbildung verteidigt werden; der Versuch kann scheitern. Manche Ursachen des Scheiterns liegen auf der Hand und lassen sich schwer vermeiden. Vielleicht fehlt es an den richtigen Führern, oder die Leute an der Spitze verlieren den Mut. Nicht jedes Land hat das Glück, zur gleichen Zeit einen Adenauer und einen Erhard, oder auch einen Juan Carlos und einen Adolfo Suárez und später Felipe Gonzáles zu finden. Immerhin, Ihre polnische Führung setzt ein gutes Beispiel, und in Prag gibt es Václav Havel. Bis zu einem gewissen Grade scheint es, als ob große historische Chancen ihre Meister finden.

Ernstere Ursachen des Scheiterns ergeben sich aus dem Projekt der Freiheit selbst. In manchen postkommunistischen Ländern hat der Zerfall des Zentrums Ausmaße angenommen, die es unwahrscheinlich machen, daß irgendein einzelner oder eine Gruppe die Dinge hinlänglich zusammenhalten kann, um wirksame Reformen in die Wege zu leiten. Ostdeutschland schien vorübergehend solchen Verhältnissen nahe, doch wird es jetzt durch eine Vereinigung gerettet, die im Kern die rechtlichen und politischen Strukturen der Bundesrepublik auf das Territorium der bisherigen DDR ausdehnt. Rumänien liefert ein weiteres Beispiel. Selbst wo ein solcher Zerfall vermieden wird, können in der Stunde der Juristen, also bei der Konstruktion der Verfassung Fehler gemacht werden. Es ist nicht leicht, der Versuchung zu widerstehen, Rachegefühle obsiegen zu lassen über das Wissen, daß vor allem der Rechtsstaat gesichert werden muß. Der italienische Kommunist (oder wie immer er sich jetzt nennt) Sergio Segre hatte ganz recht, als er die Ostdeutschen für die Verhaftung ihres früheren Führers Erich Honecker angriff: »Sie werden nie etwas aus der Geschichte lernen. Soll die Epoche der Prozesse aus den dreißiger oder fünfziger Jahren wieder beginnen? Das sind politisch geschlagene Leute; laßt sie in ihrer Geschlagenheit in Ruhe; fangt nicht wieder mit solchen Geschichten an. Sonst wird man nie etwas Neues beginnen können.«[61] Lateinamerika zeigt die Folgen. Möglicherweise liegt die größte Schwäche der alten Staaten Lateinamerikas darin, daß es den meisten von ihnen nie gelungen ist, dem Rechtsstaat in den Institutionen der Gesellschaft und in den Herzen und Köpfen der Menschen festen Halt zu geben. Die führenden Politiker und viele im Volk haben entweder die Verbrechen früherer Regime wortlos vergeben oder Rache gesucht. Das wortlose Vergeben zerstört die öffentliche Moral, und Rache gebiert neue Gewalt. Beide sind wenig hilfreich auf dem Weg zur Freiheit. Der schreckliche Zirkel muß gebrochen werden.

Andere Fehler der Verfassungspolitik liegen nahe. Das Gleichgewicht von Demokratie und Initiative, das ich gefordert habe, mag im ersten Anlauf verfehlt werden. In der Tat kann es geschehen, daß viele der anfänglichen

Regeln sich nach dem ersten Versuch als nicht funktionsfähig oder nicht wünschenswert erweisen. Wiederum denkt man an Lateinamerika; Deutschland liefert ein anderes Beispiel. Die Geschichte mancher Länder ist zu einem Friedhof von Verfassungen geworden. Am Ende traut niemand den papiernen Versprechungen mehr, so wie niemand dem papiernen Geld traut, wenn die Inflation erst 2000 Prozent erreicht hat. Neben anderen Stärken zeichnet sich die amerikanische Verfassung dadurch aus, daß sie kurz ist und durch ihre knappen Zusätze und die Interpretationen des Obersten Gerichts lebendig bleibt. Zugegebenermaßen hat die Verfassung von vornherein die meisten Dinge richtig geregelt. Wie Sie wissen, hat Großbritannien keine geschriebene Verfassung. Das mag in den Tagen Edmund Burkes in Ordnung gewesen sein, erweist sich aber heute in vielen Fragen des Rechtsstaates als Mangel. Ich weiß nicht recht, was aus solchen Beobachtungen folgt; auch Sie werden sich diese Frage stellen; doch liegt der Schluß nahe, daß die ursprüngliche Verfassung eher zu kurz als zu ausführlich sein sollte und ein handliches Verfahren zu ihrer Korrektur und Ergänzung nötig ist.

Dann ist da das Dilemma von politischer und wirtschaftlicher Reform, die gefahrvolle Reise durch das Tal der Tränen. Wer immer sich auf diese Reise begeben hat, darf nicht aufgeben oder umzukehren versuchen, und die Reise anzutreten ist ebenso eilig und unausweichlich wie die Verfassungsreform. Aber man muß nicht ohne Proviant und Schutz auf die Reise gehen. Man sollte sich und anderen das Leben nicht schwerer machen, als es ohnehin ist. Abgesehen von Notrationen und etwas abendlicher

Unterhaltung kommen diverse Arten von lindernder Hilfe in Frage. Der entscheidende Merkposten liegt in der Einsicht, daß es keine nahtlose Wirtschaftspolitik gibt, so wichtig es ist, einen Reformer an Bord zu haben, der eine klare Vision und die Nerven hat, diese gegen alle Hindernisse zu verfolgen.

Bei der Suche nach dem Weg in die Freiheit droht die Gefahr des Scheiterns düster am Horizont. *El desencanto* ist nahezu unvermeidlich, und weit schlimmere Verfassungen des Geistes wie der Realität als bloße Enttäuschung sind mühelos denkbar. Was würde ein solches Scheitern bedeuten? Wohin würde es Länder führen, die sich vom Monopol der Einheitspartei im Nomenklatura-Sozialismus befreit haben? Ich bin sicher, daß es keinen Weg zurück zum alten Regime gibt. Zumindest in ihrem negativen Aspekt ist die Revolution in Europa ein unumkehrbarer Prozeß.

Der Grund für diese zuversichtliche Behauptung ist einfach; man könnte ihn wahrscheinlich ausführen, indem man die Lage von Gorbatschows »konservativem« Widersacher Igor Ligatschow betrachtet. Zweifellos gibt es Mitglieder der früheren Nomenklatura, die sich nach der bequemen Welt von Breschnew zurücksehnen, mit Datscha, gepanzerter Limousine, 99prozentigen Wahlergebnissen und allem anderen Zubehör. Früher oder später werden sie uns wahrscheinlich erzählen, daß das alte Regime gar nicht so schlimm war und in mancher Hinsicht dem Chaos vorzuziehen ist, das die Revolution hinterlassen hat. Aber selbst wenn sie – sagen wir, Ligatschow – durch ein Mißgeschick an die Zentrale der Macht kommen würden, könnten sie kaum mehr tun als der ganzen Welt lautstark mitteilen: »Ich habe es ja immer gesagt!« Das alte Regime war zumindest in seiner letzten Phase ein Trugbild. Es ist daher bei der geringsten Provokation zusammengebrochen. Nicht nur hatte es keine Unterstützung im Volk – was nach den Wahlen von 1990 für jedermann sichtbar geworden ist –, sondern auch ohne diese Unterstützung hatten Staat, Partei und Volkswirtschaft jede Funktionsfähigkeit verloren. Wie das Beispiel zeigt, kann eine solche Welt der Vorspiegelung zustande kommen, aber absichtlich hergestellt werden kann sie nicht und wiederhergestellt schon gar nicht. In diesem Sinne ist der Kommunismus erledigt, auf Nimmerwiedersehen verschwunden.

Wie ich indes durchweg betont habe, gibt es mehrere Alternativen, von denen der Weg in die Freiheit nur eine ist. Es ist durchaus vorstellbar, daß Ligatschow oder irgendein anderer einer explosiven Mischung von halbherziger Rückkehr zur zentralen Planung, dem Versuch der Militärs, Recht und Ordnung zu sichern und die Union zusammenzuhalten, und einem Volk, das sein Elend dumpf hinnimmt, vorsitzt. Auch in Ostmitteleuropa sind viele mißliche Kombinationen denkbar. Rasch wechselnde Regierungen, ja Regime, die außer der fast totalen Desillusionierung des Volkes nur wenige Spuren hinterlassen, sind ebenso möglich wie neue politische Monopolansprüche, verbunden mit einem gewissen Maß an Marktwirtschaft, ja Kapitalismus, aber auch Verwirrung und Desorientierung als Dauerzustand.

Das größte Risiko indes ist wahrscheinlich von anderer Art. Ich zögere, das Wort zu gebrauchen, aber man kann es sich nur schwer aus dem Sinn schlagen: Faschismus.

Damit meine ich die Verbindung einer nostalgischen Ideologie der Gemeinschaft, die scharfe Grenzen zieht zwischen denen, die dazugehören, und denen, die draußen bleiben, mit einem neuen politischen Monopol eines Mannes oder einer »Bewegung« und der ausgeprägten Betonung von Ordnung und Mobilisierung an der Stelle von Freiheit und individuellen Wahlchancen. Der Rechtsstaat würde aufgehoben; Dissidenten und Abweichler würden eingesperrt; Minderheiten würden dem öffentlichen Zorn und der offiziellen Diskriminierung ausgesetzt. Faschismus in diesem Sinn muß nicht so grauenhaft sein wie der deutsche Nationalsozialismus; der systematische Völkermord ist keine notwendige Folge seiner Machtergreifung, wenngleich er immer wahrscheinlich bleibt. Jedenfalls handelt es sich um eine Diktatur, die ihren Ursprung auf der Rechten im gängigen Sinn hat, denn sie ist mit dem Militär verbunden, mit den Kräften von »Recht und Ordnung«, und sie beruft sich auf reaktionäre Ressentiments und Träume von einer vergangenen Zeit, nicht auf utopische Visionen einer besseren Zukunft. Der Faschismus in diesem Sinne kann viele Namen haben: Mussolini und Franco, Perón und Pinochet.

Das Faschismusrisiko hat seinen Grund nicht nur in der Aussicht auf das Tal der Tränen oder selbst im anscheinend irreparablen Zusammenbruch der zentralen Autorität, ja noch nicht einmal nur in der Möglichkeit einer tiefgehenden Enttäuschung auf seiten der Mehrheit ob der uneingelösten Versprechungen der Demokratie. Die Wiederkehr von Antisemitismus und von einem Nationalismus, der wenig mit dem Nationalstaat und viel mit ethnischer Homogenität und der Feindseligkeit gegen alles

Andersartige zu tun hat, sind schon wichtigere Faktoren. Vor allem aber gehen in einigen Ländern des östlichen Mitteleuropa (einschließlich der früheren Deutschen Demokratischen Republik, wenn nicht vor allem in ihr) soziale Prozesse vor sich, die eine beängstigende Verwandtschaft zu dem Syndrom zeigen, das in den zwanziger Jahren den Faschismus gedeihen ließ.

In der einschlägigen Literatur begegnen uns noch immer konkurrierende Erklärungen des Nazismus und der milderen Formen des Faschismus. Manche Autoren klammern sich an den Glauben, daß der Faschismus ein Produkt von atomisierten Massengesellschaften ist, in denen alle Klassen- und Parteienstrukturen aufgelöst sind. Andere, vor allem in Ihrem Teil der Welt, haben zwar die meisten Glaubenssätze des Marxismus-Leninismus aufgegeben, nicht aber die These, daß der Faschismus irgendwie das furchtbare höchste Stadium des Kapitalismus ist. (Daraus folgt natürlich zwingend – und passenderweise –, daß alle Formen des Kapitalismus um jeden Preis vermieden werden müssen.) Beide Erklärungen scheitern an der einfachen Tatsache, daß die eine Gesellschaft, die am ehesten eine Massengesellschaft wie auch die Verkörperung des Kapitalismus genannt werden kann, die der Vereinigten Staaten von Amerika, sich zugleich gegenüber der faschistischen Versuchung als immun erwiesen hat. Es stimmt zwar, daß Henry Ford die angeblichen »Protokolle der Weisen von Zion« in den frühen zwanziger Jahren in seinem »Dearborn Independent« veröffentlicht hat, kurz bevor sie als Fälschung der zaristischen Geheimpolizei enthüllt wurden; aber der große Kapitalist hat die Massen von Detroit damit nicht überzeugt und glaubte wohl selber nicht an die jüdische Verschwörung mit dem Ziel der Weltherrschaft. Nach der großen Wirtschaftskrise wählte Amerika Roosevelt und Reform, nicht Hitler und Terror und Krieg. Und jenes andere weitgehend kapitalistische Land, Großbritannien, wurstelte sich durch die schwierigen zwanziger und dreißiger Jahre, ohne daß Demokratie und Rechtsstaat dabei Schaden nahmen.

Der Boden, auf dem der Faschismus gedeiht, ist aus anderem Stoff gemacht. Sein Hauptmerkmal ist der plötzliche Ausfall der Kräfte der modernen industriellen Welt auf eine Gesellschaft, die unvorbereitet ist, weil sie viele Züge einer früheren statusbesessenen, autoritären Zeit bewahrt hat. Die beiden vertragen sich nicht; sie führen zu Verwerfungen und tektonischen Beben. Infolgedessen finden sich große Gruppen entwurzelt und desorientiert. Sie sind auf halbem Wege zwischen der alten und der neuen Welt steckengeblieben. Sie hassen den Kapitalismus ebenso wie den Sozialismus, die Neureichen ebenso wie die neuen Armen. Sie sind Bauern und Einzelhändler und kleine Selbständige, aber auch Mitglieder des neuen Mittelstandes kraft Status und Bildung, Beamte, Angestellte, ja Techniker und Ingenieure. In dieser Lage findet eine politische Bewegung großen Anklang, die verspricht, das Bestehende samt der in ihm wirkenden Zukunftspläne zu zerstören und zum Vergangenen zurückzukehren. Wenige bemerken rechtzeitig, daß es einen Rückweg zu den alten Weidegründen nicht gibt. Tatsächlich ist der Faschismus vor allem eine Kraft der Zerstörung, so daß alsbald die krude Macht an die Stelle aller Ideologien tritt. Aber wenn die Leute die Falle entdecken, in die sie getappt sind, und die Bildungsbürger ihre frühen Loyalitätsbekundungen zu bedauern beginnen, weil sie dazu beigetragen haben, ein Terrorregime zu stabilisieren, ist es zu spät.

Es wäre ganz falsch, diese Analyse ohne beträchtliche Einschränkungen auf die postkommunistische Welt zu übertragen. Einmal ist der Kommunismus zwar die Modernisierung für die Zuspätgekommenen, aber eben doch eine Form der Modernisierung. Überdies gibt es große Unterschiede zwischen Ländern. Die meisten sind durch das Fegefeuer – wenn nicht die Hölle – des Faschismus gegangen, und ich bin der festen Überzeugung, daß wir in dieser Hinsicht wie auch sonst nicht zweimal in dieselben Flüsse steigen. Dennoch fällt auf, in wie starkem Maße die kommunistischen Länder veraltete soziale Strukturen erhalten haben. Das mögen nicht vorindustrielle autoritäre Strukturen sein; sie ähneln eher unseren eigenen Verhältnissen im Europa der unmittelbaren Nachkriegszeit. Philip Roth geht noch weiter zurück: »Auf den Gesellschaften, die seit den vierziger Jahren unter sowjetischer Herrschaft standen, liegt noch der Firnis der Zeit vor dem Zweiten Weltkrieg. Die Länder der Satellitenwelt sind in einer Zeitverwerfung gefangen.« Sie erwachen mit einem Schock, zuerst einem ganz persönlichen Schock. Roth zitiert Helena Klimova mit der Beobachtung, daß »Neurosen schlimmer werden«, weil alle Strukturen zerbrochen sind und Neurotiker sich zu ihrem Entsetzen »plötzlich in einer Welt voller Wahlentscheidungen finden«[62]. Karl Heinz Bohrer hat den merkwürdigen Doppelgängereffekt Ostdeutschlands für Westdeutsche beschrieben: Westdeutsche sind irritiert, denn sie sehen »ihre Geschichte, ihre Vergangenheit zurückkommen«[63]. Was sehen die Ostdeutschen? Sicherlich gibt es auch für

Daheimgebliebene eine Erfahrung der Entwurzelung. Persönliche Schocks werden in soziale Schocks übertragen. Traum und Realität fallen auseinander, es sei denn, es kommt einer mit dem falschen Versprechen, sie wieder zusammenzuführen.

Wie Sie wissen, hat mich Ihre intensive Verteidigung preiswerter Bücher und der kulturellen Werte des Lebens unter dem alten Regime unbeeindruckt gelassen und eher etwas irritiert. Sie können nun einmal nicht alles haben, und wenn Sie es zu bekommen versuchen, dann zahlen Sie einen hohen Preis. Sie werden sich von der gewaltigen Woge der Modernität, des Marktes mit all seinem glitzernden Tand, überrollen lassen und nur dafür sorgen müssen, daß Sie am anderen Ende wieder auftauchen; sonst wird das Risiko eines faschistischen Rückschlages noch größer. Es ist schrecklich, sich die Kombination von frustrierten Militärs, abgetakelten Wirtschaftsplanern und rassistischen Ideologen vorzustellen, die von entwurzelten und enttäuschten Gruppen an die Macht befördert werden könnten. Wehret den Anfängen! Fundamentalisten warten hinter vielen Ecken darauf, ihren Beitrag von denen einzusammeln, die auf dem Weg in die Freiheit die Nerven verloren haben.

Derlei Folgen des Scheiterns sind schlimm genug. Dabei habe ich eine Thematik noch gar nicht erwähnt, die doch mitten in meine Argumentation gehört und mit der Außenwelt zu tun hat. Bislang habe ich im wesentlichen so argumentiert, als ob jede postkommunistische Gesellschaft ihren eigenen Weg gehen könnte, ohne Störungen von anderen in ähnlicher Lage oder von Mächten außerhalb ihres Dunstkreises befürchten zu müssen. Ihre sorgenvollen Fragen über Deutschland und Europa machen indes klar, daß Sie in dieser Hinsicht nicht ganz so sorglos sind. Ich bin es auch nicht. Eine sowjetische Invasion ist nicht die einzige äußere Bedrohung der neuen Demokratien; vielleicht ist sie sogar die am wenigsten wahrscheinliche Aussicht, jedenfalls was die unabhängigen Staaten Ostmitteleuropas betrifft. (Die Unabhängigkeit suchenden Sowjetrepubliken rufen unseligerweise das schaurige Bild vom Platz des Himmlischen Friedens wach.) Es liegt mir fern, irgend jemandes Verfolgungswahn zu nähren. Das übrige Europa und die Supermächte jenseits seiner Grenzen sind ebensosehr Chance wie Quelle der Sorge. Aber sie alle stellen Fragen sowohl hinsichtlich der Bedingungen des Erfolges als auch der Folgen des Scheiterns auf dem Weg zur Freiheit.

Vornehmlich von Deutschland und der neuen Architektur Europas

Meine Kernthese in diesem Brief besagt, daß die Länder, die den real existierenden Sozialismus abgeworfen haben, nicht etwa an dessen Stelle ein anderes System, wie den Kapitalismus, angenommen haben; sie haben die offene Gesellschaft gewählt, in der es hundert verschiedene Wege voran zur Freiheit gibt, von denen eine Handvoll zu jedem gegebenen Zeitpunkt zur Auswahl stehen. Das heißt zugleich, daß diese Länder nicht etwa den Osten verlassen haben, um sich dem Westen anzuschließen; sie wollten nach Europa kommen. Timothy Garton Ash hat diesen

Wunsch schon drei Jahre vor der Revolution von 1989 in einem Essay über das Thema »Gibt es Mitteleuropa?« beschrieben: »Wir müssen verstehen, daß [für die Polen und Tschechen] das wirkliche Mitteleuropa immer westlich, rational, humanistisch, demokratisch, skeptisch und tolerant gewesen ist. Der Rest war osteuropäisch, russisch, oder möglicherweise deutsch.«[64] Nach den Ereignissen von 1989 (und dieses Mal ohne das »Mittel-« vor »Europa«) hat er die These wiederholt: »Beim Hin- und Herreisen zwischen den beiden Hälften des geteilten Kontinents habe ich manchmal gedacht, daß die wirkliche Trennungslinie zwischen denen (im Westen) verläuft, die Europa haben, und denen (im Osten), die an Europa glauben. Und überall, in all den Ländern, ist die Formel, die Menschen verwenden, um das Geschehene zu beschreiben, ›die Rückkehr nach Europa‹.«[65]

Die erste Frage, die zu beantworten ist, bevor wir zu europäischen Inhalten kommen, lautet: Wo ist Europa? Oder vielmehr, wo ist es nicht? Offenkundig ist hier nicht die Rede vom grandiosen Entwurf eines Europa, das sich von San Francisco bis Wladiwostok erstreckt. Es gab gute Gründe dafür, daß die Konferenz über Sicherheit und Zusammenarbeit in Europa (KSZE) Kanada und die Vereinigten Staaten ebenso wie die Sowjetunion einschloß, aber die KSZE sollte nie zur Definition von Europa dienen; Europa war sozusagen ihr Objekt und nicht ihr Subjekt. Wie europäisch die Vereinigten Staaten und Kanada, übrigens auch Australien und Neuseeland, nach Ursprung und kultureller Bindung gewesen sein mögen, sie gehören heute nicht zu Europa. Ernstere Fragen stellen sich an näheren Grenzen. Manche würden ihr Europa gerne definieren als eines, das von Brest an der französischen Atlantikküste bis Brest an der polnisch-sowjetischen Grenze reicht und damit nicht nur die Sowjetunion, sondern auch Großbritannien und Irland ausschließt. Das ist höchst unfair gegenüber den Iren, die sich in der Europäischen Gemeinschaft, wenn nicht schon früher, als loyale und aktive Europäer erwiesen haben. Es ist auch zutiefst falsch für Großbritannien. Wie sehr die Briten immer ihre Sonderbeziehungen zu den Vereinigten Staaten und den Ländern des Commonwealth lieben mögen, ihr Schicksal liegt doch eindeutig in Europa. Der frühere Verteidigungsminister Michael Heseltine hat es poetisch formuliert: »Die Gezeiten der Geschichte haben uns nahe an die Küste Europas getragen. Wir sollten dieses Schicksal akzeptieren; die Winde werden niemals günstiger werden.«[66]

Die schwierigere Frage ist die, wohin die Sowjetunion gehört; auch sie verlangt eine unzweideutige Antwort. Ich habe meine Meinung schon am Anfang dieses Briefes durchblicken lassen und bemerkt, daß für mich Europa an der sowjetischen Grenze endet, wo immer diese Grenze verlaufen mag. Wenn es Litauen, Lettland und Estland gelingt, ihren Anspruch durchzusetzen, daß sie nicht zur Sowjetunion gehören, dann sind sie ein Teil Europas (obwohl das für Aserbeidschan auch dann nicht gälte, wenn es unabhängig würde); im übrigen aber erstreckt sich Europa ziemlich genau über die Zone der Mitteleuropäischen Zeit (für die Großbritannien möglicherweise bald seine geliebte Greenwich Mean Time aufgeben wird). Mit dieser Argumentation finde ich mich in interessanter Gesellschaft. Der außenpolitische Sprecher der ehemaligen Kommunistischen Partei Italiens, Giorgio

Napoletano, erzählte mir von seinem Besuch bei Präsident Gorbatschow mit seinem damaligen Vorsitzenden Alessandro Natta, wobei die Italiener das Gespräch eröffneten, indem sie dem Erfinder des Begriffs deutlich sagten, für sie gäbe es kein »gemeinsames Haus« für Sowjets und Italiener; das gemeinsame Haus der Italiener sei das der Europäischen Gemeinschaft und der übrigen Staaten Mittel- und Ostmitteleuropas. Als Willy Brandt die Frage gestellt wurde, ob er die Sowjetunion zu Europa rechnet gab er zur Antwort: »Nein. Das ist ja eh so eine Sache mit dem Haus Europa. Ich glaube nicht, daß Wladiwostok in Zukunft zu Europa gehören wird.« Es sei richtig, daß »die Sowjetunion ganz gewiß eine starke europäische Komponente und nicht nur ein gutes Stück europäischer Kultur enthält. Aber es ist nicht das gleiche Problem wie das des Verhältnisses zwischen Westeuropa, Mitteleuropa und den Ländern, die wir ein bißchen zu verallgemeinernd in den letzten Jahren Osteuropa genannt haben.«[67]

Armes Wladiwostok, das am Ende vielleicht europäischer ist als Erewan oder Baku! Aber der Instinkt der beiden führenden Sozialisten ist relevant. Es gibt einen qualitativen Unterschied zwischen den Beziehungen etwa von Frankreich und Polen einerseits und Frankreich und der Sowjetunion andererseits; es ist auch etwas völlig anderes, ob Spanien aufgefordert wird, sein Haus mit Ungarn zu teilen oder mit der Sowjetunion, ganz zu schweigen von den Empfindungen der Ostmitteleuropäer gegenüber ihrem großen Nachbarn. Wenn ich den Unterschied in Worte fassen soll, dann fallen mir drei Dinge ein. Das erste ist ein gewisser Verdacht gegenüber der Hegemonialmacht von gestern, die nun in das gleiche Haus ziehen will wie diejenigen, die es so lange besetzt und unterdrückt hat; wahrscheinlich ist es besser, den Grizzlybären einstweilen draußen zu lassen. Der zweite Grund ist, daß die Sowjetunion trotz all ihrer europäischen Geschichte ein riesiges Entwicklungsland geblieben ist, das einen noch viel längeren Weg zurückzulegen hat als andere in ihrem europäischen Umkreis, bevor es vollends zum Teil der modernen Welt wird. Der dritte und wichtigste Punkt ist, daß Europa nicht nur ein geographischer oder selbst kultureller Begriff ist, sondern einen besonderen politischen Gehalt hat. Dieser beruht zumindest zum Teil auf der Tatsache, daß kleine und mittlere Länder versuchen, ihr Schicksal gemeinsam zu bestimmen. Eine Supermacht hat in ihrer Mitte keinen Platz, selbst wenn sie kein ökonomischer und vielleicht auch nicht länger ein politischer Gigant ist. Die Fähigkeit, die gesamte Menschheit gleich mehrfach auszulöschen, stellt die Sowjetunion in eine andere Gesellschaft als Deutschland, Italien und Spanien, oder auch Polen, die Tschechoslowakei und Ungarn, ja sogar die Nuklearmächte Großbritannien und Frankreich.

Wenn es daher ein gemeinsames europäisches Haus gibt, das wir bauen sollten, dann ist das nicht Gorbatschows, sondern eines im Westen seines bröckelnden Reiches, das seine Nachfolger von ihm übernehmen werden. Bevor ich zu Ihren speziellen Fragen zu Deutschland und Europa komme, muß aber noch ein anderer Mythos entlarvt werden. Für Sie und die Völker der Tschechoslowakei, Ungarns, Jugoslawiens, Rumäniens und vielleicht auch Bulgariens ist es völlig sinnvoll, von der »Rückkehr nach Europa« statt von der Absetzung zum Westen oder dergleichen zu sprechen; indes gilt das nur, solange

Europa nicht in eine konkrete Ideologie verwandelt wird. Europa ist nicht ein dritter Weg zwischen Ost und West. Es ist überhaupt nicht ein einziger Weg. Hans Magnus Enzensberger hat den Charme und die Einzigartigkeit dieses Teils der Welt in seinen Skizzen in dem Buch *Ach! Europa* gut getroffen.[68] Er hat die Peripherie ins Auge gefaßt – Irland, Portugal, Schweden, Ungarn – und Geschichten von gewöhnlichen Menschen und ihrem Leben erzählt. Diese haben vielleicht manches gemeinsam, und sei es nur, daß es offenkundig nicht die Leben von Koreanern und Kenianern oder selbst Kolumbiern oder Kaliforniern sind, die hier beschrieben werden, aber jenseits solcher Abgrenzungen nach außen liegt Europas Eigentümlichkeit in den außerordentlichen kulturellen Unterschieden auf dieser kleinen, an den riesigen Kontinent Asiens angehängten Halbinsel. Europa wird für immer ein Flickenteppich von Sprachen und Alltagskulturen, von politischen und ökonomischen Strukturen sein. Für die Länder, die endlich dem Nomenklatura-Sozialismus entkommen sind, bedeutet die Rückkehr nach Europa daher, wie die offene Gesellschaft, vor allem die Chance, sie selbst zu sein und nicht einem oktroyierten Hegemonialmodell folgen zu müssen.

Dies ist ein massiver und folgenreicher Wandel. Er setzt den Schlußpunkt hinter mehr als vier Jahrzehnte, die 1946 begannen, als der damalige Botschaftsrat George Kennan sein »langes Telegramm« aus Moskau schickte, in dem er die Grenzen des sowjetischen Interesses an einer gemeinsamen Ordnung für die Welt darlegte, und als Winston Churchill in der berühmten Rede in Fulton, Missouri, die bedeutungsschweren Worte sprach, daß »ein Eiserner Vorhang quer durch den europäischen Kontinent niedergegangen ist«. Dies waren die Jahrzehnte des Kalten Krieges. Vielleicht veranlassen uns die Wandlungen im Gefolge der Revolution in Europa auch (in Präsident Mitterrands Worten) zum *sortir de Yalta*, also der Abkehr von Jalta und Potsdam, wo die europäischen Nachkriegsgrenzen gezogen wurden; doch ist das noch eine offene Frage. Sicherlich haben wir das Ende der Breschnewschen Monstrosität der Übereinkunft von Helsinki erreicht, wonach alles in Europa so bleiben soll, wie es ist, mit wechselseitigen Garantien des Status quo und der läppischen Aussicht, den Kalten Krieg durch einen nicht minder Kalten Frieden zu ersetzen. Glücklicherweise hat die Schlußakte dieses Ziel nicht erreicht; dennoch ist es nicht leicht zu sehen, wie sie – oder selbst der vielbeschworene »KSZE-Prozeß« – dabei helfen kann, die Architektur eines neuen Europa der Offenheit und der Freiheit zu gestalten.

Veränderung ist auch dann nicht nur erfreulich, wenn sie dringend nötig ist. Wandel hat stets auch eine bedrohliche Seite. Alte Bedrohungen wurden durch einen zwar unbefriedigenden, aber vertrauten Status quo in Schach gehalten; in dem Augenblick aber, in dem der Status quo zerbröckelt, steigen sie aus den Trümmern, und mit ihnen manche neue Quellen der Furcht. Eine dieser Quellen der Furcht heißt Deutschland. Es ist schon erstaunlich, wie rasch das deutsche Gespenst den Platz des Lieblingsfeindes aller Umstehenden eingenommen hat, der so lange im Exklusivbesitz der Sowjetunion war. Von André Fontaines drei »Wiedervereinigungen« ist die der Sprache vorbehaltlos willkommen, die Europas eine schöne, wenn auch etwas ferne Aussicht, aber die Deutschlands für viele bedrohlich. Sie haben das in Ihrer Frage deutlich gemacht: Werden wir nicht ein balkanisiertes Europa erleben, das von der einen Macht beherrscht wird, die nicht zerfällt, sondern sich vereinigt?

Sie können gewiß verstehen, daß dieses Thema einem Briefpartner besonders nahegeht, dessen Leben seit langem hin und her gerissen ist zwischen den Bindungen seines Mutterlandes, Deutschland, und den Versuchungen seiner Wahlheimat, Großbritannien. Als ich mich (zweimal in den letzten sechzehn Jahren) entschloß, der Einladung zu folgen, in Großbritannien zu wirken und mein Leben mit der Welt der Tradition von Locke und Burke und Mill und natürlich Popper (oder vielmehr mit den unbedeutenderen Gestalten, die heute den öffentlichen Diskurs auf der gesegneten, wenngleich nicht ganz vollkommenen Insel beherrschen) zu verknüpfen, hatte das manches zu tun mit meinen schwierigen Empfindungen für Deutschland. Ich bin daher in dieser Frage alles andere als unbefangen. Es tut mir weh, wenn der westdeutsche Bundeskanzler Kohl, dessen Sinn für Macht entwickelter ist als die Macht seiner Sinne, Ihr offenbares Bedürfnis nach sicheren Grenzen ein paar ungewissen Wählerstimmen in den hinteren Wäldern Bayerns opfert. Wenn also von Deutschland die Rede ist, schwanke ich zwischen Hoffnungen und Befürchtungen. Vermutlich geht das vielen von uns in ganz Europa nicht anders. Auf der Seite der Hoffnung ist vor allem der bemerkenswerte Erfolg der Demokratie in Westdeutschland zu vermerken. Ich erinnere mich, daß Sie von Garantien für die polnische Westgrenze sprachen und Ihr Vertrauen in von allen Betroffenen unterzeichnete und von den Siegermächten des letzten

Krieges garantierte Verträge setzten. Diese sind sicherlich nötig; aber am Ende gibt es nur eine Garantie für die Nachbarn, und die liegt in einem Land, das seine historischen Neurosen abgelegt und zu einer Haltung gefunden hat, die es unnötig macht, daß seine Bürger Frustrationen im eigenen Hause kompensieren, indem sie draußen in der Welt Unheil anrichten. Eine verwurzelte deutsche Demokratie im Sinne sowohl der Verfassung der Freiheit als auch der bürgerlichen Gesellschaft ist jedenfalls für Sie und für andere verläßlicher, als es ein Stück Papier je sein kann, mögen es auch noch so hochrangige Unterschriften zieren.

Lassen Sie mich noch einen Schritt weitergehen. Wenn wir nicht glauben wollen, daß die deutsche Demokratie Wurzeln geschlagen hat, nachdem sie das vierzig Jahre lang – und übrigens unter Einschluß des »doppelten Machtwechsel-Tests« – unter Beweis gestellt hat, wie können wir dann der postkommunistischen Welt auch nur die ersten Schritte auf dem Weg in die Freiheit zumuten? Offenbar liegt doch hinter all Ihren Bemühungen die Hoffnung, daß im Laufe der Zeit die offene Gesellschaft wirksam und fest verankert werden kann in Polen, der Tschechoslowakei, Ungarn und andernorts. Wenn Sie das aber für sich selber glauben, dann müssen Sie es auch für andere glauben, und nach all den Jahren ist Deutschland der erste Kandidat für solches Vertrauen.

Ich gestehe, daß ich in den fünfziger Jahren alles andere als glücklich war über den Gang der Dinge in der Bundesrepublik. In der Tat redete ich damals nicht viel anders als Sie heute über die gegenwärtigen polnischen Verhältnisse und auch als führende deutsche Intellektuelle über den

Prozeß der Vereinigung der beiden deutschen Staaten. Ich war damals Sozialdemokrat, und die Sozialdemokratie stand noch in der Opposition. Ein Jahrzehnt später hatte ich begriffen, daß die Gründe für meine Kritik nichts anderes waren als die Schattenseite eines bemerkenswerten Schritts nach vorne. Adenauer war nicht (nur) ein cleverer alter Fuchs, der seine Träume der Weimarer Zeit von einer Rheinrepublik ohne Rücksicht auf Widerstände verfolgte, und Erhard war nicht (nur) unempfindlich gegenüber den Armen und Benachteiligten, sondern die beiden zusammen waren ans Werk gegangen, um die Bedingungen zu schaffen, die das Staatsschiff auf einen stetigen Kurs bringen sollten, indem sie es in die europäische Flotte einbanden und dafür sorgten, daß der Proviant nicht ausgeht. Als ich in der Mitte der sechziger Jahre mein Buch über »Gesellschaft und Demokratie in Deutschland« schrieb, hatte ich manches Kritische zu sagen – schließlich hatte das Land damals noch nicht einmal seinen ersten Machtwechsel-Test bestanden –, aber ich argumentierte auch, daß sich mehr verändert hatte als nur die politische und ökonomische Oberfläche der deutschen Gesellschaft. Eine sinnvolle Verfassung, das Grundgesetz von 1949, war zur lebendigen Realität in den politischen Auseinandersetzungen zwischen Parteien geworden, die viele der Verhaltensweisen und die meisten Grundhaltungen ihrer Vorgänger in der Weimarer Republik abgelegt hatten, und unterhalb des neuen politischen Klimas hatte die Gesellschaft sich zutiefst gewandelt. »Dank« der unbeabsichtigten Nebenwirkungen des Hitler-Regimes war Deutschland endlich doch noch zum Mitglied der modernen Welt geworden und hatte begonnen, sich mit der Tatsache abzufinden, daß man in der offenen Gesellschaft mit Konflikten leben und sie schöpferisch nutzen muß, statt sie unter den Teppich zu kehren und eine falsche Harmonie zu suchen, die in aller Regel Tyrannis bedeutet.

Es gibt keinen einsehbaren Grund, warum diese Fortschritte durch den Prozeß der Vereinigung aufs Spiel gesetzt werden sollten. Gewiß ist richtig, daß die Menschen in der früheren DDR zum Unterschied von denen der Bundesrepublik nicht seit vierzig Jahren der demokratischen Lebensweise ausgesetzt waren. Westdeutsche Fernsehsendungen anzusehen ist kein Ersatz für das Leben in einer bürgerlichen Gesellschaft. Sie hatten leider nur allzu recht mit dem Hinweis, daß an der Grenze zwischen Polen und Ostdeutschland chauvinistische Vorfälle häufig sind.

Das Reservoir der extremen Rechten ist wahrscheinlich in den östlichen Ländern des neuen Deutschland beträchtlich größer als in der alten Bundesrepublik. Nirgends ist der persönliche und soziale Schock des Aufpralls der Konsumgesellschaft auf die Zeitlupenwelt des niedergehenden Nomenklatura-Sozialismus stärker als in Ostdeutschland, wo er plötzlich und total eintrat. So gibt es dort unzweifelhaft so etwas wie ein faschistisches Potential.

Aber es gibt auch den tiefsitzenden Wunsch, so zu leben wie die westlichen Verwandten, und glücklicherweise wird dieser Wunsch in wenigen Jahren befriedigt werden können. Er mag zunächst oberflächlich und rein materialistisch scheinen, aber andere Elemente des westlichen Lebensstils folgen auf dem Fuß. Vielleicht wäre all das leichter gewesen, wenn es eindrucksvollere politische Führer vor allem in der alten Bundesrepublik gegeben hätte; die Vereinigung ist ein merkwürdig sprachloser Prozeß, für den fast niemand die richtigen Worte findet. Doch ist immerhin anzumerken, daß keiner der gewählten politischen Führer den geringsten Zweifel an den Werten der Verfassung der Freiheit, der bürgerlichen Gesellschaft und der europäischen Zusammenarbeit zeigt. Was daher wahrscheinlich geschehen wird, ist eine Neuauflage mancher Erfahrungen der fünfziger Jahre, einschließlich ihrer politischen Mehrheiten, und am Ende des Weges eine größere, jedoch im Kern vertraute Bundesrepublik Deutschland.

Aber leider liegen Hoffnungen und Ängste nahe beieinander. Wenn man zu deutschen Intellektuellen von einer Neuauflage der fünfziger Jahre spricht, stehen ihnen die Haare zu Berge. Genau dies wollen sie nämlich nicht, und so geschieht es einmal mehr, daß die Intelligenz sich querstellt zur Geschichte, ohne sie doch aufhalten zu können. Es gibt Leute, die glauben, daß es darauf nicht ankommt. Ludwig Erhard war dieser Meinung, und Bundeskanzler Kohl ist es wahrscheinlich auch. Doch war die Ansicht in den fünfziger Jahren irrig, wie ihre Verfechter in den turbulenten sechziger Jahren zu ihrem Schaden erfuhren, und heute ist sie aus einem noch ernsteren Grunde verfehlt. Dieser hat zu tun mit dem verworren-verwirrenden Thema der deutschen Nation, in dem einer der beiden Gründe für die Besorgnisse angesichts des neuen Deutschland liegt; der andere Grund führt uns zu den Fragen Europas.

Helmut Kohl mag kaum ein Wort so gerne wie das Wort »Vaterland«. Wenn er vom Vaterland spricht, vibriert sein ganzer mächtiger Körper unter dem tiefen, fast Wagnerischen Klang des Wortes, so daß er es zuweilen, wie das seine Art ist, ein wenig zu versüßen sucht, indem er ein Adjektiv wie »wunderschön« hinzufügt. »Unser wunderschönes Vaterland« beschreibt seine deutsche Thematik gut. Was genau darunter zu verstehen ist, läßt sich nicht so leicht sagen; jedenfalls ärgern sich kritischere Geister über diese Sprache. Sie gehen daher ins andere Extrem. Günter Grass zum Beispiel sah sich veranlaßt, eine »kurze Rede« zu halten, in der er sich als »vaterlandslosen Gesellen« beschrieb, im Anklang an die alte Beschimpfung der deutschen Sozialdemokratie durch die politische Rechte. »Ich fürchte mich nicht nur vor dem aus zwei Staaten zu einem Staat vereinfachten Deutschland, ich lehne den Einheitsstaat ab und wäre erleichtert, wenn er – sei es durch deutsche Einsicht, sei es durch Einspruch der Nachbarn – nicht zustande käme.«[69] Bedrängt, seine Befürchtungen zu begründen, kommt Grass immer wieder zu einem Wort zurück, Auschwitz. »Wer gegenwärtig über Deutschland nachdenkt und Antworten auf die Deutsche Frage sucht, muß Auschwitz mitdenken.«

Ich teile diese Meinung. Aber ist es nicht doch sehr simplifizierend, fast einen Kausalzusammenhang zwischen dem vereinigten Deutschland und Auschwitz herzustellen? Schiebt Grass nicht auf diese Weise die Verantwortung weg, zu Bismarck, zu bloßen geopolitischen Fakten, statt sie dort anzusiedeln, wo sie hingehört, bei dem »Kulturpessimismus als politischer Gefahr« vielleicht und den tausend Unmenschlichkeiten des Alltagslebens? Mein Freund Fritz Stern hat viel zum Verständnis der »Versuchungen des Totalitarismus« beigetragen, aber für einmal bin ich anderer Meinung als er. Als er aus Anlaß des Jahrestages des Ost-Berliner Arbeiteraufstandes vom 17. Juni 1953 im Jahre 1988 vor dem Deutschen Bundestag sprach, sagte er: »Das ungeteilte Deutschland hat unsagbares Unglück für andere Völker und für sich selbst gebracht.«[70] Er meinte nicht Auschwitz, sondern die »Dämonen der Hegemonialmacht«, die beiden Weltkriege. Auch dann noch muß man anmerken, daß das Ungeteiltsein schwerlich der Hauptgrund war, und weit weniger folgt, daß die Vereinigung Deutschlands die Rückkehr der Dämonen bedeuten muß.

Auch ohne Auschwitz und die Kriege gibt es Gründe genug für beklommene Fragen. Die Tatsache, daß viele führende Intellektuelle mit der Realität nicht ins reine kommen, ist einer davon. Gewiß findet sich auch eine andere Seite, die des Enthusiasmus für die Realitäten, die ihrerseits nicht ohne Fragezeichen zur Kenntnis genommen werden kann. Karl Heinz Bohrer macht sich Sorgen über den Provinzialismus der Bonner Republik und sieht in der Vereinigung nicht nur einen moralischen, sondern vor allem einen ästhetischen Gewinn. Martin Walser will in der Lage sein, in Leipzig und Dresden ins Theater zu gehen, ohne über die deutsche Frage nachdenken zu müssen, hält aber vor allem Nationen für mehr als politische, für beinahe »geologische« Mächte. Brigitte Seebacher-Brandt spricht von den »Unwägbarkeiten der Volksseele«, die es in Rechnung zu stellen gelte. Ulrich Greiner, der Feuilleton-Redakteur der *Zeit*, nimmt sich alle diese Autoren vor und sinniert: »Was eigentlich spricht für die deutsche Einheit?« Zwei Tage vor den ostdeutschen Volkskammerwahlen vom 18. März brachte er es fertig, zu schreiben: »Die Beweislast liegt bei jenen, die das Lied von der deutschen Nation singen.«[71] Liegt sie dort wirklich? Fast bin ich versucht, unsere alte Freundin, die Geschichte mit einem ganz großen G, noch einmal zu bemühen, aber glücklicherweise haben die ostdeutschen Wähler mich diesem Erfordernis enthoben.

Der Kern des Problems liegt darin, daß die deutschen Intellektuellen mit dem Gedanken der Nation nicht fertig werden können. Gewiß war das eine schwierige Aufgabe. Die »verspätete Nation«[72] blieb auch darum prekär, weil sie sich nicht genau abgrenzen ließ. Aber war es nötig, den geographischen Grenzunklarheiten intellektuelle Ungenauigkeiten hinzuzufügen? Greiner zitiert Max Weber, der sich auf seine Weise mit dem deutschen Problem der Nation herumschlug. Für Weber bedeutet Nation »zunächst unzweifelhaft: daß gewissen Menschengruppen ein spezifisches Solidaritätsempfinden anderen gegenüber zuzumuten sei«; sie »gehört also der Wertsphäre an«. Ist das wirklich so? Und auch noch »unzweifelhaft«? Ich habe mehr als nur Zweifel, so sehr das Solidaritätsempfinden und Solidarität als Organisation Ihrer tragischen Nation auf ihrem bemerkenswerten Weg geholfen haben. Das Problem der deutschen Intellektuellen ist es, daß die meisten von ihnen stets versucht haben, die Nation entweder mit deplacierter (ökonomischer) Konkretheit oder mit ebenso deplacierter (kultureller) Vagheit zu begründen oder auch zu bekämpfen, und dabei ist ihnen die wirkliche Kraft des Nationalen durch die Finger gerutscht.

Einer, der keinen dieser beiden Fehler gemacht hat und dennoch in der Frage der deutschen Einheit ein Skeptiker geblieben ist, ist Jürgen Habermas. In einer Reihe von Artikeln, die er seit der friedlichen Revolution in der

DDR schrieb, hat er das Thema des »Verfassungspatriotismus« entfaltet.[73] Er reserviert seinen Zorn für das, was er mit einem seitdem vielzitierten Wort den »D-Mark-Nationalismus« nennt: »Nur *eine* Rechnungseinheit für *alle* Themen. Deutsche Interessen werden in Deutscher Mark gewogen und durchgesetzt.« In dieser Hinsicht ist Timothy Garton Ash subtiler, wenn er auf das Paket von Werten hinweist, für das die Währung nur das Symbol ist; was die Ostdeutschen wollten, war »natürlich zuerst die DM, aber nicht nur die DM, sondern auch die freie Presse, den Rechtsstaat, Selbstverwaltung der Gemeinden und föderalistische Demokratie«.[74] Aber Habermas weiß, daß dieses Paket mit Geschichte beladen ist und jederzeit auseinanderbrechen kann. Ein deutscher Staat läßt sich nicht auf »vorpolitische Tatsachen« der Kultur und Nationalgeschichte gründen; er muß vielmehr eine reine »Staatsbürgernation« und in diesem Sinne eine »nicht-nationalistische Nation« sein. Viele hatten gehofft (so argumentiert Habermas), daß diese in der Bundesrepublik real geworden sei, aber der Prozeß der Vereinigung wirft Schatten des Zweifels auf solche Hoffnungen. Wir werden an die Tatsache erinnert, daß es in Deutschland seit 1848 im Gegensatz zu den »klassischen Nationalstaaten des Westens« keine wechselseitige Befruchtung von nationaler Wirklichkeit und »republikanischer Gesinnung« gegeben hat. Gewiß stimmt es, bemerkt Habermas, daß »liberale Institutionen« in der Bundesrepublik nach vierzig Jahren weithin akzeptiert sind: »Auch ohne die Wurzeln einer republikanischen Gesinnung haben wir uns an die Traditionen der Freiheit *gewöhnt.*« Das von Habermas selbst hervorgehobene Wort verrät jedoch seine Absicht zu sagen, daß es nicht genügt, sich einfach an Institutionen zu gewöhnen. Träumt er etwa von Burkes »großem Urvertrag der ewigen Gesellschaft«? Jedenfalls hofft er, daß die Verfassung des neuen, vereinten Deutschland gründlich erörtert und dann dem Volk vorgelegt wird, so daß die Entscheidung der Mehrheit »zu einem bewußt vollzogenen Akt [wird], um den sich das republikanische Selbstverständnis künftiger Generationen wird kristallisieren können«.

Man kann anderer Meinung sein, was diesen Vorschlag angeht, und mehr Wert auf die Gewöhnung der Menschen an Traditionen legen, doch packt Habermas wenigstens die kritischen Fragen an. Der Punkt, der so oft und in so folgenschwerer Weise von Deutschen verfehlt wird, seien sie Intellektuelle, Politiker oder Normalbürger, ist, daß es beim Nationalstaat um die Verfassung und die Herrschaft des Rechts geht. Die Nation hat es mit der Schaffung, Erhaltung und Entwicklung von Institutionen zu tun, lange bevor das Nationaleinkommen aufgerechnet wird und die Dämpfe des Nationalgefühls hochsteigen. Die deutsche Einheit bietet eine einzigartige Chance, dies unter Beweis zu stellen. Oder hat Habermas am Ende doch recht? Müssen wir schon jetzt von einer verpaßten Gelegenheit sprechen? Sind das Vaterland und die Deutsche Mark siegreich gewesen, während die Verfassung als abgehängte Dritte ins Ziel kommt und das Bauen von Institutionen unter »ferner liefen« verschwindet? In mancher Hinsicht ist die Reiseroute für den Weg zur Freiheit, die ich in Beantwortung Ihrer Fragen und der Herausforderungen der postkommunistischen Welt skizziert habe, auch für das neue Deutschland relevant. Die Intellektuellen des

Landes haben nicht dabei geholfen, dies deutlich zu machen. Sie sind wolkig und negativ geblieben, als es darauf ankam, genau und konstruktiv zu sein. Darum gibt es Anlaß, sich Sorgen zu machen um das vereinigte Deutschland, das unter unseren Augen entsteht.

Dies ist der eine Anlaß für solche Besorgnis. Der andere ist nicht minder ernst; er verbindet das Versagen im Verfassungsverständnis der Nation mit trügerischen Hoffnungen im Blick auf das neue Europa. Beide Besorgnisse sind gewiß nicht auf Deutschland beschränkt – ohnehin gilt jede von Deutschland ausgehende Bedrohung seinen Nachbarn und damit dem ganzen Europa –, aber sie sind mit der Diskussion über die deutsche Einheit verknüpft. Peter Glotz, der wortgewandteste sozialdemokratische Intellektuelle im Lande und ein aktiver Politiker dazu, hat versucht, »ein Programm für Europa, als Ziel für eine sich mühsam formierende Europäische Linke« zu entwerfen.[75] Er sieht zwei Gefahren für die beginnende Demokratisierung Osteuropas. Die eine liegt im »Heraufdämmern eines neuen Nationalismus in Europa« vor allem als Resultat dessen, was Sie den Prozeß der »Balkanisierung« nannten; die andere entsteht aus dem Anwachsen populistischer Kräfte der Rechten, die sich gegen die europäische Integration wehren. Solchen Gefahren hält Glotz die vertraute These entgegen, »daß der Nationalstaat am Ende des 20. Jahrhunderts ökonomisch, ökologisch, militärisch und kulturell überholt« ist. Wir müssen uns sowohl nach unten, zu den »Stämmen« und zur regionalen Autonomie hin orientieren als auch nach oben zu »supranationalen Strukturen«. Für Deutschland bedeutet dies, daß seine Entwicklung nicht primär national sein darf; sie muß in den umfassenderen Prozeß der europäischen Integration eingebracht werden. Glotz gehört zu denen, die in den außergewöhnlichen Monaten der Revolution von 1989 vom Sturzbach der Ereignisse überrollt worden sind (wer weiß? auch mir kann das durchaus bei manchen Namen und Annahmen, von denen in diesem Brief die Rede ist, passieren). Er schrieb noch Ende 1989, daß er gerne bereit wäre, die von ihm vermutete Präferenz der Bürger der DDR für zwei langfristig eigenständige Staaten zu akzeptieren, obwohl er hoffen würde, daß eine solche DDR eine enge Assoziation mit der Europäischen Gemeinschaft fände. Jedenfalls ziele ein »sozialdemokratisches Programm für Europa« auf einen »gesamteuropäischen Bundesstaat – mit der maximalen Garantie von Volksgruppen- und Minderheitsrechten«.

Einmal mehr, wie so oft bei deutschen Autoren und Politikern, läßt der Schluß sich schwer abweisen, daß löbliche Empfindungen sich mit konfusen Gedanken und einer beträchtlichen Unkenntnis der europäischen Tatsachen verbinden. Ganz abgesehen von der offenbaren Realität der deutschen Einheit gibt es zunächst einmal keinerlei Anzeichen dafür, daß der Prozeß der europäischen Zusammenarbeit den Nationalstaat im Hinblick auf seine kritischen Aufgaben überflüssig macht. Es ist bezeichnend, daß Glotz in seiner Liste überholter Funktionen – ökonomische, ökologische, militärische, kulturelle – das Recht oder auch den Bürgerstatus mit seinen juristischen, politischen und sozialen Bestandteilen gar nicht erwähnt. Vor vielen Jahren schon hat Raymond Aron bemerkt, daß »es solche Wesen wie ›europäische Bürger‹ nicht gibt«: »Die Juden meiner Generation werden nicht vergessen, wie zerbrechlich die Menschenrechte in dem Augenblick werden, in dem ihnen keine Staatsbürgerrechte mehr entsprechen«[76].

Aron wußte natürlich um die sukzessiven Versuche, so etwas wie einen neuen, supranationalen Bürgerstatus in Europa zu schaffen. Der erste führte zu dem 1949 begründeten Europarat, der heute 22 Mitglieder umfaßt. Er ist vor allem Wächter über die Europäische Menschenrechtskonvention, deren Text die meisten, obgleich nicht alle Mitgliedstaaten sowohl ratifiziert als auch in ihr nationales Recht aufgenommen haben. Der Europarat hat sich als Instanz zum Schutz der Demokratie bewährt; als die Militärs in Griechenland 1969 die Macht übernahmen, mußte das Land seine Mitgliedschaft aufgeben. Es wird der Etablierung des Rechtsstaats sicherlich helfen, wenn die neuen Demokratien Ostmitteleuropas Mitglieder des Europarats werden; einige sind schon auf dem Wege. Indes ist der Europarat eine intergouvernementale Organisation der Staaten und nicht eine supranationale Institution eigenen Rechts. Im Gegensatz dazu ist die Europäische Gemeinschaft (EG) eine strenge »Gemeinschaft des Rechts«.

Im Jahre 1967 aus der Verschmelzung der drei ursprünglichen Gemeinschaften hervorgegangen – der Europäischen Gemeinschaft für Kohle und Stahl (EGKS) von 1951, der Europäischen Wirtschaftsgemeinschaft (EWG) und der Europäischen Atomgemeinschaft (Euratom) von 1957 –, kann sie Entscheidungen treffen, die für ihre Mitglieder verbindlich sind und in den von den Verträgen bestimmten Bereichen vom Europäischen Gerichtshof in Luxemburg geschützt werden. Indes handelt es sich dabei nach wie vor vornehmlich um ökonomische Entscheidungen, die noch keine europäische Staatsbürgerschaft begründen. Die weit loser gefügten Organisationen der Westeuropäischen Union (WEU), die auf der Kooperation der europäischen Nato-Mitglieder in bestimmten Verteidigungsfragen beruht, und der Europäischen Freihandelsassoziation (EFTA), in der die zum größeren Teil neutralen, demokratischen Nichtmitglieder der EG in Europa versammelt sind (Österreich, Schweiz, Finnland, Schweden, Norwegen, Island), sind noch weniger dazu angetan, gemeinsame Bürgerrechte zu etablieren.

So ist also im heutigen Europa der Nationalstaat für alle praktischen Zwecke noch immer der Raum, in dem die Grundrechte aller Bürger garantiert werden, und Westdeutsche sollten stolz auf die Tatsache sein, daß sie nun in der Lage sind, ihren Rechtsstaat auf 16 Millionen Ostdeutsche auszuweiten. Der Europabegriff von Glotz – wie von vielen anderen Deutschen – ist zu vage, um wirklich attraktiv zu sein. Mehr noch, er ist zu vage, um glaubwürdig zu sein. Hier kommt denn auch der zweite Hauptgrund für Besorgnisse angesichts der deutschen Entwicklungen ins Spiel. Es ist schön und gut, von einem Europa zu reden, das regionale Autonomie mit supranationalen Institutionen verbindet – aber wo gibt es irgendwelche Anzeichen dafür, daß auch nur eines dieser Ziele, geschweige denn beide in harmonischer Verbindung, tatsächlich erreicht, ja erstrebt werden? Schlimmer noch, viele Deutsche lieben Aussagen wie die, daß »die deutsche Vereinigung fest eingebettet bleiben muß in den Prozeß der europäischen Integration« – aber wissen sie auch, was sie sagen? Und handeln sie, als ob sie es wirklich glaubten?

Das Thema rührt an eine empfindliche Stelle der deutschen Politik. Wie Sie wissen, hatte ich Gelegenheit, die deutsche Haltung zur Europäischen Gemeinschaft aus der Nähe zu beobachten. Als EG-Kommissar in Brüssel in den frühen siebziger Jahren hörte ich aufmerksam zu bei den Ministerrats-Diskussionen über die Währungsunion oder über das Verhältnis zwischen der Erweiterung der Gemeinschaft und der Vertiefung der inneren Zusammenarbeit. Mein eigener Realismus in diesen Fragen führte fast zu meiner Entlassung auf Grund eines Mißtrauensantrages im Europäischen Parlament.[77] Doch war ich wenigstens ehrlich. Nach dem »Ersten Europa« eines Gemeinsamen Marktes mit für alle verbindlichen Regeln wollte ich (und will ich noch immer) ein »Zweites Europa« der Gewöhnung an Kooperation in so vielen Bereichen der Politik, wie dies den Aufgaben angemessen scheint. Solche Kooperation kann in mancher Hinsicht *à la carte* erfolgen, so daß Mitglieder der Gemeinschaft die Wahl haben, ob sie sich beteiligen wollen oder nicht; in anderen Fragen sollten Nichtmitglieder zur Teilnahme eingeladen werden. Auf diese Weise würden zunehmend europäische Realitäten geschaffen, die das notwendige Material abgeben, um eines Tages die Verfassung eines vereinten Europa zu entwerfen.

Vielleicht ist das zu pragmatisch; mein damaliger Kollege und verehrter Mentor Altiero Spinelli war jedenfalls dieser Meinung. Vielleicht fehlt solchen Überlegungen auch das Visionäre und sie betonen zu sehr den kooperativen Aspekt Europas zum Unterschied von der Integration im strengen Sinne. Wenn dem so ist, dann liegt das daran, daß meine Vision stets die des Kantschen Projekts einer

»Weltbürgergesellschaft« sein wird, deren Regeln von universellen Institutionen garantiert und geschützt werden. Doch ändert das alles nichts an meinem Engagement für das Ziel, Europa in jenen Politikbereichen enger zusammenzuschließen, in denen es der geeignete politische Raum ist. Heute gehört dazu nicht nur ein Gemeinsamer Markt, sondern auch der stabile Geldwert und die militärische Sicherheit.

Die deutsche Haltung ist weniger eindeutig. Wenn ich schlüssige Beweise für meinen Eindruck liefern müßte, käme ich wahrscheinlich in Verlegenheit, aber mir scheint häufig, daß für die Mehrheit der führenden deutschen Politiker wie auch für ihre Berater Europa im Kern ein Schönwetterkonzept geblieben ist. Nicht daß deutsche Bekenntnisse des Europäertums unaufrichtig wären, aber sobald ein Thema auftaucht, das für wirklich wichtig gehalten wird, sind sie rasch vergessen; solche wichtigeren Themen sind zudem nicht nur in zentralen, sondern auch in eher marginalen Politikbereichen aufgetaucht. Deutschland mag Europa, aber Europa hat in seinem politischen Leben weder die Priorität noch vor allem die Realität, die die Sonntagsreden seiner Führer glauben machen wollen. Bundeskanzler Kohl hatte Dutzende von Treffen mit Präsident Mitterrand, aber all diese Begegnungen haben ihn keinen Moment daran gehindert, im November 1989 seine »Zehn Punkte« zur deutschen Einheit im Deutschen Bundestag zu verkünden, ohne auch nur daran zu denken, den Telefonhörer aufzunehmen und mit seinem Freund zu reden, den er übrigens wenige Tage zuvor gesehen hatte. Die Bundesregierung stimmt einem Prozeß der europäischen Wirtschafts- und Währungsunion zu, beginnt aber zunächst und ohne viel Nachdenken über die Folgen den Weg zur deutschen Währungsunion, obwohl doch klar sein dürfte, daß dieses unmittelbare Erfordernis beträchtliche Auswirkungen auf die Pläne der Gemeinschaft hat. Die deutsche Einheit hat viele andere europäische Konsequenzen, manche technischer, manche politischer Art; aber als die Schlüsselentscheidungen getroffen wurden, war wenig Sinn für die wirkliche Bedeutung des europäischen Engagements zu erkennen. Entsprechendes mag für andere gelten, aber nirgends ist der Widerspruch zwischen Worten und Taten so ausgeprägt. Kein Wunder, daß Deutschlands europäische Partner verwirrt und beunruhigt sind! Sogar Deutschlands verläßlichster Freund in Frankreich, der Politologe und Kommentator Alfred Grosser, spricht von der Sorge, »das vereinigte Deutschland könne sich aus der Gemeinschaft lösen und sie aus Abstand durch eine vergrößerte Wirtschaftsmacht beherrschen«, wenngleich Grosser für sich den Verdacht zurückweist.[78]

All dies hängt zusammen mit noch tieferen Fragen, die zwar selten offen gestellt werden, aber doch präsent sind in den Köpfen vieler Europäer wie auch Amerikaner und anderer in der Welt. In gewisser Weise wird Deutschland als das Japan Europas gesehen. Das bezieht sich nicht nur auf Überschüsse der Handels- und Zahlungsbilanzen, sondern auch auf eine vorherrschende »Kultur« (wie manche es in Ermangelung eines besseren Begriffes ausdrücken), in die es schwer ist einzudringen. Das korporative Knäuel, zu dem die Regierung, die Großbanken, die Schlüsselunternehmen, die Gewerkschaften, die öffentlich-rechtlichen Medien und andere anerkannte Institutionen gehören, hat etwas damit zu tun. Wie kommt es, daß in einem Jahrzehnt der Zusammenschlüsse und Übernahmen von Unternehmen die deutsche Wirtschaft gegenüber solchen Prozessen relativ immun geblieben ist? Viele empfinden einen tiefsitzenden Widerstand gegen alles, was aus dem Ausland kommt, trotz aller sichtbaren Anzeichen des Gegenteils. Jedenfalls bleibt Deutschland für viele geheimnisvoll. Wird das Geheimnis mit den Schocks der Einheit, der offenbaren Arroganz führender politischer Figuren und den offenen Zweifeln der deutschen Intellektuellen an ihrem Land verbunden, dann ergibt sich eine Mischung, die im günstigen Fall unheimlich und im ungünstigen höchst explosiv wirkt.

Aber ich muß aufhören, Zweifel zu säen, denn es ist nicht meine Absicht, Ihnen Deutschland oder Europa madig zu machen. Jenseits aller Spekulation glaube ich, daß Ihre Westgrenze eine der sichersten Grenzen in Europa ist. Sollte Deutschland je versuchen, sie zu revidieren, dann würde sich ganz Europa zu Ihrer Verteidigung erheben. Überdies komme ich *per saldo* zu dem Schluß, daß das vereinigte Deutschland wahrscheinlich nicht viel anders aussehen wird als die Bundesrepublik heute. Das heißt unter anderem, daß der Prozeß der europäischen Kooperation und vielleicht Integration weiter voranschreiten wird. Hin und wieder werden Zeitpläne durcheinandergeraten, und in gewissem Sinne ist das Reiseziel noch immer »unbekannt«[79], aber die nächsten Schritte sind ziemlich klar erkennbar, und insoweit sie für Ostmitteleuropa relevant sind, will ich versuchen, sie aufzuzeichnen.

Als Europa aus der Melancholie der siebziger Jahre

erwachte, setzte es sich ein Ziel, das in der Jahreszahl »1992« seinen Ausdruck gefunden hat. Das Projekt 1992 ist wichtig und anspruchsvoll. Seine Absicht lag und liegt darin, bis zum 31. Dezember 1992 jenen Gemeinsamen Markt zu schaffen, den der Römische Vertrag zur Begründung der EWG schon vor langer Zeit vorgesehen hatte. Indes bedeutet ein Gemeinsamer Markt in den neunziger Jahren mehr als in den fünfziger Jahren. Seinerzeit lag das Haupthindernis, das es zu beseitigen galt, in Zöllen; die »vier Freiheiten«, um die es jetzt geht, lassen Wort und Begriff dieses altmodischen Handelshemmnisses nahezu unerwähnt. Der freie Warenaustausch wird von vielen nichttariflichen Hemmnissen behindert. Die Freiheit des Dienstleistungs- und Kapitalverkehrs verlangt einschneidende Maßnahmen der Liberalisierung. Die freie Mobilität von Menschen kann Millionen berühren und wird sozusagen handgreiflich für alle Träger eines burgunderroten Reisepasses der Europäischen Gemeinschaft.

Die Kommission in Brüssel hat beschlossen, daß 279 Reglements und Direktiven erlassen werden müssen, damit 1992 wirklich wird. Wenn es je normale Politik gab, dann hier! Unzweifelhaft werden einige der wichtigeren Direktiven und Reglements scheitern. Sie dürften es mit den heiligen Kühen der Innenpolitik zu tun bekommen, also zum Beispiel mit der Mehrwertsteuer für Kinderkleidung in Großbritannien oder für Bücher in Frankreich, oder auch mit dem Monopol gewisser Lieferanten für bestimmte öffentliche Dienstleistungen in Deutschland. Aber der Prozeß der Öffnung der Grenzen zwischen den zwölf Mitgliedstaaten der Europäischen Gemeinschaft scheint unaufhaltsam. Wenn man all die neuen Rechtsinstrumente zusammennimmt, gilt zudem, daß deren Wirkung größer ist, als die Zahl 279 nahelegt. Normale Politik kommt der Verfassungspolitik nahe, wenn eine große Zahl von ähnlichen Signalen sämtlich in dieselbe Richtung weisen. Die Kommission will diese Beschleunigung nutzen, um noch ein, zwei Schritte weiterzugehen. Schon jetzt ist die politische Zusammenarbeit zur festen Gewohnheit unter den Zwölf geworden; Minister und Beamte kennen einander gut genug, um zum Telefon zu greifen, wenn etwas Diskussionswürdiges geschieht, und mit ihren Kollegen in Den Haag oder Rom oder Bonn darüber zu sprechen. Jetzt steht die Währungsunion auf der Tagesordnung der Gemeinschaft.

Die Währungsunion ist ein großes und schwieriges Projekt, schwieriger vielleicht, als diejenigen zu erkennen geben, die es in die Zwangsjacke eines Stufenplanes pressen wollen, der in zwei oder drei Schritten zum Ziel führen soll. Die Probleme sind zum Teil technischer Natur, obgleich diese sich wahrscheinlich meistern lassen. Sie sind indes zum Teil politisch. Länder müssen bereit und in der Lage sein, einer Währungsunion beizutreten, was zum Beispiel bedeutet, daß ihre Institutionen und Politiken so gestaltet werden müssen, daß sie eine stabile gemeinsame Währung tragen. Die prinzipielle Verpflichtung, die Inflation auf null zu bringen und dort zu halten, ist eine der relevanten Politiken, und sie verlangt den Konsensus aller wesentlichen Parteien in allen beteiligten Ländern. Die Bereitschaft, die Verantwortung für die Geldwertstabilität einer unabhängigen Zentralbank zu überlassen, ist eine institutionelle Voraussetzung; sie bedeutet für viele den Bruch mit angestammten Traditionen. Als die Währungsunion 1971 zum erstenmal auf den Weg gebracht wurde, war Frankreich nicht imstande, diese Schritte zu tun, zu denen es heute bereit ist; das Problem liegt jetzt in der fehlenden Bereitschaft Großbritanniens, das alte Keynessche Rezept aufzugeben, wonach zweieinhalb bis drei Prozent Inflation nichts schaden können, denn »niemand würde es merken«, und auch in der britischen Insistenz auf der Vorherrschaft des Finanzministeriums über die Zentralbank. Selbst wenn all diese Hindernisse überwindbar wären, blieben noch die Unberechenbarkeiten des Weltmarktes und insbesondere des Devisenmarktes. Diese können die schönsten Pläne durchkreuzen, wie sich in der Vergangenheit nachdrücklich gezeigt hat.

Der Weg zur Währungsunion ist also hart, und dabei habe ich das heikelste Thema noch gar nicht erwähnt, das, wie so oft, Deutschland heißt. Zum einen wird die deutsche Währungsunion notwendig zur Verzögerung der europäischen Währungsunion führen. Es gibt schlicht nicht genug Experten, um beide zu gleicher Zeit zu bewerkstelligen. Wichtiger indes ist die Tatsache, daß jedes europäische Währungssystem unweigerlich die Vormacht wenn nicht Deutschlands, dann doch der Deutschen Mark widerspiegeln wird. Die Deutsche Mark mag nicht ganz dieselbe Rolle in der Europäischen Währungsunion spielen, die der Dollar im Bretton-Woods-System hatte, aber ihre Schwankungen haben stärkere Auswirkungen auf andere als die des französischen Franken oder selbst des britischen Pfundes (wenn man einmal annimmt, daß Großbritannien sich an dem Prozeß beteiligt). Die deutsche Einheit ist gar nicht erforderlich, um Deutschland zur stärksten Macht in der Europäischen Gemeinschaft zu machen; in der Tat könnte der Prozeß der Vereinigung so teuer werden für Deutschland, daß die Vormachtstellung der D-Mark eine Zeitlang geschwächt und nicht gestärkt würde. Vielleicht ist das ein guter Moment, um die deutsche Bereitschaft unter Beweis zu stellen, Regeln zu akzeptieren, die die D-Mark ebenso binden wie andere Währungen. Jedenfalls haben Tempo und Erfolg des europäischen Einigungsprozesses viel mit der deutschen Frage zu tun.

Ich bin überzeugt, daß die europäische Währungsunion geschaffen wird und auch werden sollte, aber sie wird weder so rasch noch so systematisch zustande kommen, wie das der Delors-Plan vorsieht, dem zufolge schon in den nächsten drei Jahren eine europäische Zentralbank errichtet werden soll. Die Währungsunion ist in gewisser Weise ein Bestandteil des Projekts 1992. Aber dieser ganze Prozeß ist nicht mehr das einzige oder selbst das wichtigste Thema. Es wird erzählt, daß ein irischer Minister eine Konferenz zum Thema 1992 mit den Worten eröffnete: »Meine Damen und Herren, eines ist sicher: 1992 wird kommen.« Pause. »Die einzige Frage ist: wann?« Die Geschichte wird als Scherz erzählt, doch enthält sie eine ernste Pointe. Zu dem Zeitpunkt, zu dem ich diesen Brief schreibe, frage ich mich, ob die Europäische Gemeinschaft nicht jetzt sagen sollte: 1992 ist da! Das Ziel des großen Planes einer Revitalisierung Europas ist erreicht. Wir müssen den Blick nun auf neue Horizonte richten.

Wenn wir das tun, ist die erste Frage die, wer dazugehört und wer nicht. Es gibt viele außerhalb Europas, die befürchten, und manche in Europa, die hoffen, daß die

Europäische Gemeinschaft von 1992 zu einer gut verproviantierten Festung wird, durch hohe Mauern und einen Graben vor denen geschützt, die nicht dazugehören. Das muß nicht geschehen. Die laufenden Verhandlungen mit den verbleibenden EFTA-Ländern sind ermutigend. Es stimmt wohl, daß die EFTA-Länder sich entscheiden müssen; sie können nicht erwarten, die Wohltaten der Gemeinschaft zu genießen, ohne deren Lasten zu teilen, und vor allem können sie nicht draußen bleiben und zugleich am Entscheidungsprozeß teilnehmen. Die Idee eines Europäischen Wirtschaftsraumes (EWR), der die Vorteile des Gemeinsamen Marktes auf die EFTA-Länder ausdehnt, aber vor der politischen und institutionellen Teilnahme eine Grenze zieht, ist der Beginn einer Antwort. Wer weiß, vielleicht gibt es eines Tages eine Europäische Wirtschaftsraumbehörde. Ich würde jedenfalls hoffen, daß die EG eher zuviel auf der Seite der Großzügigkeit tut als auf der des Geizes, wenn sie daran geht, ihre Beziehungen zu jenen entwickelten demokratischen Ländern Europas zu ordnen, die aus dem einen oder anderen Grund nicht Mitglieder der Europäischen Gemeinschaft sein wollen.

Wo bleibt bei alledem Ostmitteleuropa? Die Diskussion innerhalb der Gemeinschaft wird hitziger. Es gibt diejenigen, die, wie ein Experte es ausdrückte, argumentieren, »daß eine weitere Stärkung der EG es schwieriger macht für Osteuropa, enger assoziiert zu werden, die zumindest glauben, daß eine loser gefügte Struktur in einer erweiterten, aber weniger konzentrierten EG angemessener und in der Tat realistischer wäre in einer Zeit, in der nationale Identitäten sehr ausgeprägt bleiben«[80]. Premierministerin

Thatcher neigt dieser Meinung zu, und deutsche politische Führer dürften sie im Lichte ihrer gesamteuropäischen Interessen attraktiv finden. Präsident Delors allerdings vertritt die entgegengesetzte Auffassung: »Die Zwölf haben keine andere Wahl, als der Brennpunkt und Stabilitätsfels für den Rest des Kontinents zu bleiben.«[81] Ein Europa auf dem Weg zur Integration ist ein »Leitstern« für die Länder Osteuropas, die geradezu enttäuscht wären, wenn die EG ihre Absicht aufgäbe, sich immer enger zusammenzuschließen, mit der Währungsunion und allem anderen. »Es ist unsere Pflicht, [den Osteuropäern] dabei zu helfen«, in ihren eigenen Ländern die Bedingungen zu schaffen, die es ihnen erlauben und sie dazu anregen, volle Mitglieder zu werden, und darum dürfen wir uns nicht durch irreführende Zielvorgaben von in Wahrheit kurzfristiger Bedeutung von unserem Weg abbringen lassen. Unser Ziel ist nicht »Herrn Gorbatschows Traum eines ›gemeinsamen europäischen Hauses‹«, sondern die »etwas andere Vision eines ›europäischen Dorfes‹, das rings um ein festes Haus gebaut wird, das ›Europäische Gemeinschaft‹ heißt«. Da bin ich mit Jacques Delors einig.

Es ist anzumerken, daß Delors nicht die Sprache der europäischen Föderalisten verwendet. Er distanziert sich sogar leicht von Präsident Mitterrands »großer europäischer Konföderation«, von der er sagt, daß »sie nicht entstehen wird, bevor die Gemeinschaft eine politische Union geschaffen hat. Jedes Land muß für sich entscheiden, wann die Zeit dafür gekommen ist.« Zweifellos wird jedes Land diese Entscheidung zu seiner eigenen Zeit treffen. Mir ist aufgefallen, daß Sie Präsident Havels Idee einer engeren Zusammenarbeit zwischen der Tschechoslowakei, Polen und Ungarn mit einer Mischung von Zustimmung und Skepsis aufgenommen haben. Kaiser Franz Josephs Herrschaft mag (zumindest rückblickend) das wohlwollendste unter allen Regimen gewesen sein, die Sie in diesem turbulenten Jahrhundert erlebt haben, aber heute ist der Traum eines neuen Habsburger Reiches nicht mehr als ein amüsantes Gesprächsthema. In ihrer Geschichte und Kultur unterscheiden sich die Länder Ostmitteleuropas ebensosehr voneinander wie die Westmitteleuropas, und in ihrer politischen Grundverfassung sind sie noch weit entfernt von der Schwelle zu einer Welt der gemeinschaftlichen Ausübung von Souveränität. Wir im Westen haben diese Schwelle schon vor Jahrzehnten erreicht, wahrscheinlich in den fünfziger Jahren. Der Krieg hatte die alten Nationalstaaten kraftlos gelassen. Frankreich und Deutschland gingen daran, eine neue, besondere Beziehung zu erkunden. Während die Rückkehr des Saarlandes nach Deutschland im Jahre 1955 auf einer Volksabstimmung beruhte, in der die Europäisierung als Option von der großen Mehrheit zurückgewiesen wurde, weckte doch der Prozeß keine starken nationalistischen Gefühle; in der Tat bestätigte die Leichtigkeit, mit der er zustande kam, daß Nationalstaaten nicht mehr gar soviel bedeuteten. Der Marshallplan trug das seine dazu bei, die Länder Europas zusammenzubinden; in der Tat verhielten die Vereinigten Staaten sich lange als Föderator und nicht als Hegemonialmacht.

Wirtschaftliche Entwicklungen trugen zu diesem Prozeß bei. Wiederum ist die Geschichte der Saar von Interesse, wie auch die Lothringens, des Bassins von Lüttich und der

Ruhr. Mehr als ein Jahrhundert lang herrschte die Theorie, daß wer Eisen hatte, die Kohle zu gewinnen versuchen mußte, und umgekehrt; jetzt wurde die Europäische Gemeinschaft für Kohle und Stahl errichtet. (Daß sie bald nur noch niedergehende Industrien verwaltete, mag geholfen haben.) Für viele Unternehmen nahm die Bedeutung nationaler Grenzen immer mehr ab. Transnationale Gesellschaften – nicht immer europäischer Provenienz – ebneten den Weg. Wenn man diese Sprache mag, könnte man sie als die große Produktivkraft beschreiben, die die alten Produktionsverhältnisse hoffnungslos altmodisch erscheinen ließ. Die gemeinschaftliche Ausübung von Souveränität war die einzige Hoffnung, die Ländern blieb, wenn sie ein gewisses Maß an Kontrolle ihrer Angelegenheiten behalten wollten.

Ich weiß wohl, daß einige der nachdenklichen Sprecher Ostmitteleuropas ähnliche Entwicklungen in Ihrem Teil der Welt vorhersehen. Der Begriff eines »Benelux« ist fast zu einem außenpolitischen »Schweden« geworden, das heißt zu einem Ideal, das nicht ganz soviel mit der dahinterstehenden Realität zu tun hat wie seine Verfechter meinen. Wie Sie bin ich in dieser Hinsicht skeptisch. Wenn ich mir die postkommunistischen Länder ansehe, entdecke ich Nationalstaaten groß in Mode. Das ist sicher gut für die Unabhängigkeit und den Rechtsstaat wie auch für die Suche nach einem eigenen Weg voran zur offenen Gesellschaft. Aber es hat auch seine Schattenseiten, von denen Sie eine, die Balkanisierung, erwähnt haben. Wer weiß, wie viele Staaten Europas es im Jahre 2000 im Osten und Südosten der Grenzen der Europäischen Gemeinschaft geben wird? Und wie werden die Beziehungen zwischen ihnen und ihren Nachbarn aussehen? Grenzzwischenfälle zwischen den baltischen Staaten und Großrußland? Anschuldigungen polnischer Übergriffe in Litauen wie auch in den früher polnischen Gebieten östlich von Brest-Litowsk? Anhaltende Ungewißheit darüber, wo die Bessarabier für sich die größeren Vorteile sehen? Gewaltsame Forderungen nach Selbstverwaltung in Transsylvanien? Streitende und zuweilen in kriegerische Auseinandersetzungen verwickelte Republiken in Jugoslawien? Es gibt zahlreiche Szenarios für Unruhe.

Hinter diesem Potential der Fragmentierung und Friktion liegt ein sehr ernstes Thema. Während wir in Europa uns damit beschäftigen, unsere Souveränität gemeinschaftlich auszuüben, gilt Ihr Interesse in Osteuropa vor allem der Selbstbestimmung. Das ist nicht überraschend. Wo wären Sie heute, wenn Sie nicht das Prinzip der Selbstbestimmung anrufen könnten, das in allerlei Übereinkünften und Chartas niedergelegt ist, darunter nicht zuletzt der Schlußakte von Helsinki? (In der Tat sollte sich dies als einer der beiden dynamischen Faktoren – der andere betrifft die Menschenrechte – in einer Übereinkunft erweisen, für die im übrigen weder Sie noch ich viel Zeit haben.) Und doch hat die Selbstbestimmung ihre Probleme. Sie war natürlich einer von Präsident Wilsons Vierzehn Punkten im Januar 1918, obwohl Wilson vorsichtig hinzufügte, daß »bei der Bestimmung all dieser Fragen der Souveränität die Interessen der betroffenen Bevölkerungen dasselbe Gewicht haben müssen wie die gerechtfertigten Ansprüche der Regierungen, deren Rechtstitel bestimmt werden«[82]. Als er praktisch wurde, schlug Präsident Wilson allerdings alle Vorsicht (und auch seine früheren Ideen einer Zentraleuropäischen Gemeinschaft) in den Wind: »Die Völker von Österreich-Ungarn, deren Platz unter den Nationen wir garantiert und gesichert sehen wollen, sollten die freieste Gelegenheit zu autonomer Entwicklung erhalten.« Der Begriff der Balkanisierung geht zurück ins 19. Jahrhundert, aber er gewann nach 1919 eine neue Virulenz und ist heute wieder überaus aktuell.

Die Idee der nationalen Selbstbestimmung hat ihren Reiz für Menschen, die sich in der modernen Welt verloren fühlen. Sie scheint ein Gefühl der Zugehörigkeit und des Sinns zu vermitteln, das in machtvollen Symbolen wie Flaggen und Hymnen ebenso symbolisiert wird wie in Pässen und Verfassungen. Menschen, manche Menschen zumindest, sind bereit, für die Unabhängigkeit ihrer Nation zu sterben. Es wäre falsch, eine so wirksame Kraft gering zu schätzen. Als Prinzip des Völkerrechts ist indes die nationale Selbstbestimmung eine der unseligeren Erfindungen. Sie schreibt Völkern ein Recht zu, während doch Rechte immer nur für Individuen gelten. Infolgedessen lädt sie Usurpatoren geradezu ein, dieses Recht im Namen von Völkern einzuklagen, für die sie angeblich sprechen, während sie zugleich die Rechte von Minderheiten und manchmal die Bürgerrechte aller mit Füßen treten. Wer spricht für jene in Litauen, die die Unabhängigkeit von der Sowjetunion nicht wollen? Kommt es auf ihre Rechte nicht an? Die Schweizer mögen ihre eigenen Gründe gehabt haben, als sie die Entscheidung der überwältigenden Mehrheit des Volkes der österreichischen Provinz Vorarlberg im Jahre 1920, der Schweiz beizutreten, zurückwiesen, doch hat ihr Argument, daß sie die abweichende Minderheit nicht in ihren Grenzen haben wollten, seinen Sinn. Wenn man erst zuläßt, daß das sogenannte Recht auf Selbstbestimmung alle anderen Grundrechte einzelner Bürger bricht, dann wird die Wahrscheinlichkeit groß, daß am Ende ein Nationalstaat ohne Freiheit steht. An Beispielen dafür fehlt es nicht.

Das Prinzip der Selbstbestimmung ermutigt auch Homogenität. Sich selbst bestimmende Völker werden kein Nagorno-Karabach in ihrer Mitte dulden. Auch insofern führt das sogenannte Recht zur Sicherung der von Mehrheiten gestützten Vorrechte über wehrlose Minderheiten. Es mag ja sein, daß es Gründe gibt, um historische Volksgruppen, selbst wenn sie nicht auf einer Insel leben, in die Lage zu versetzen, ihre eigenen Angelegenheiten selbst zu ordnen, wenn sie das wollen; aber es kann und darf ihnen unter keinen Umständen gestattet sein, die elementareren Rechte der Unantastbarkeit der Person, der Redefreiheit und der Freizügigkeit zu verletzen, die allen gemeinsam sind. Selbstbestimmung ist im günstigen Fall ein Recht von sekundärem Rang, weit hinter den bürgerlichen, politischen und sozialen Rechten der Staatsbürgerschaft, und sie ist wahrscheinlich überhaupt kein Recht, sondern nur ein Anspruch, den populistische Führer erheben, die ihre Völker vielleicht in die offene Gesellschaft führen, aber ebenso in der Lage sind, die Sklaverei der Beherrschung von außen durch eine einheimische Tyrannei zu ersetzen.

Nicht in Polen!, so mögen die Verfechter der polnischen Unabhängigkeit in Freiheit sagen, und ich hoffe, daß sie recht haben. Auch nicht in der Tschechoslowakei und in Ungarn, wenngleich wir ohne Zweifel slowakische und andere Minderheitsstimmen zum Gegenteil hören werden. Ohnehin ist mir durchaus klar, daß diese Polemik gegen die Selbstbestimmung allen vorherrschenden Tendenzen in der postkommunistischen Welt zuwiderläuft. In seiner Ansprache an das Europäische Parlament, aus der ich schon mehrfach zitiert habe, wies Kommissionspräsident Delors darauf hin, »daß Spanien und Portugal sieben Jahre brauchten, um sich auf die Mitgliedschaft in der Gemeinschaft vorzubereiten«. Die wirtschaftlichen Gründe gegen die sofortige Mitgliedschaft aller Länder Ostmitteleuropas sind überwältigend. Es ist schwer genug, in das hausgemachte Tal der Tränen einzutreten, ohne auch noch die Anfangskosten eines umfassenderen gemeinsamen Marktes freier Wirtschaften zu entrichten. Aber der Faktor, der die Frage entscheidet, liegt in dem Unterschied der Grundorientierung zwischen Ländern, die ihre neuentdeckte nationale Freiheit pflegen wollen, und anderen, die sich allmählich an die objektiven Begrenzungen traditioneller Vorstellungen von Souveränität gewöhnen. Irgend jemand hat gesagt, daß Westeuropa das 20. Jahrhundert verlasse, um in das 21. einzutreten, Osteuropa dagegen dabei sei, das 20. Jahrhundert gegen das 19. zu vertauschen. Das mag eine Übertreibung sein, aber offenkundig sind wir in Europa noch nicht alle auf derselben Wellenlänge, und es wird einige Zeit dauern, bevor das der Fall ist. Darüber hinaus können wir Ihnen nicht viel helfen, solange Sie sich mit der nationalen Souveränität und der Selbstbestimmung der Völker im modernen Europa beschäftigen, außer daß wir ein Beispiel dafür geben, wie die gemeinschaftliche Ausübung von Souveränität in bestimmten Bereichen der normalen und sogar der Verfassungspolitik zur Förderung von Freiheit und Wohlstand beiträgt statt diese zu verringern.

In der Zwischenzeit bedeutet die Idee der neuen Architektur Europas erklärterweise nicht, daß die neuen Demokratien draußen im Regen bleiben und ihre Nasen gegen die Schaufenster des Fortschritts drücken. Was Mitgliedschaft betrifft, so habe ich den Europarat bereits erwähnt. Dessen Statuten verweisen auf den Willen der Völker innerhalb seiner autonomen Mitgliedstaaten, aber die Europäische Menschenrechtskonvention gibt den Rechten des einzelnen unter der Herrschaft des Gesetzes die eindeutige Priorität. Sie werden gemeinsam mit uns über die Zukunft der Organisation für Wirtschaftliche Zusammenarbeit und Entwicklung (OECD) nachdenken wollen, die aus dem Marshallplan hervorgegangen ist und mehr Erfahrung in Fragen der Wirtschaftsentwicklung in Europa hat als irgendeine andere Organisation. Darüber hinaus wird die Europäische Gemeinschaft, wenn sie den Anregungen von Präsident Delors folgt, sicherlich das beinahe Unmögliche versuchen und parallel zur Vollendung des Projekts 1992, der Währungsunion und einem Vertrag mit den verbleibenden EFTA-Ländern neue Formen der Assoziation für alle Nichtmitglieder im demokratischen Europa suchen.

Bislang muß die hier entworfene Architektur Europas ziemlich lose gefügt erscheinen. Auch leistet sie wenig, vielleicht zu wenig, zum Schutz gegen die vor allem von Ihren Landsleuten gesehenen Gefahren, wenn im Osten Ihres Landes das sowjetische Imperium zerfällt und im Westen die schon jetzt beträchtliche Macht Deutschlands weiter zunimmt. Das Bild des europäischen Dorfes ist bis zu einem gewissen Grade reizvoll, aber es gibt viele Arten von Dörfern – manche verstreut, manche konzentriert, manche entlang scheinbar endloser Straßen gebaut, manche rings um eine Kirche oder (in den Worten des weltlicheren Jacques Delors) um ein »festes Haus, das ›Europäische Gemeinschaft‹ heißt« – und für alle gilt, daß es schwierig ist, sie vor inneren Unruhen oder äußeren Übergriffen zu schützen. Dorffehden gehören zu den unangenehmsten Streitigkeiten zwischen Menschen, und große Kriege haben viele Dörfer zu Schutthalden reduziert, in denen nicht einmal Ruinen mehr anzeigen, wo der Ort einst war.

Die innere Sicherung, wie Recht und Ordnung überhaupt, hängt letzten Endes von sozialer Kontrolle ab, also davon, daß Nachbarn aufpassen, ohne sich ständig in die Angelegenheiten anderer einzumischen. Das zustande zu bringen ist schwierig genug; es hat viel mit der bürgerlichen Gesellschaft zu tun und mit dem Bauen von Institutionen; immerhin sind sich alle, die an der europäischen Konstruktion mitwirken, der Aufgabe bewußt. Der Schutz nach außen wirft schwierigere Fragen auf. Er bringt die Sowjetunion ins Spiel, und die Vereinigten Staaten von Amerika, von denen bisher wenig die Rede war. Die Sowjetunion macht nicht den Eindruck, als könnte sie auf absehbare Zeit eine Macht sein, die die europäische Ordnung vorantreibt und prägt. Ihre Hauptsorge wird unvermeidlicherweise ihren inneren Angelegenheiten gelten, also dem Zusammenhalt dessen, was von der Union noch übrig ist, und dem Problem, einen Ausweg aus dem Schlamassel zu finden, den eine halbherzige Perestroika verbunden mit einem halb-demontierten Planungssystem des administrativen Zentralismus angerichtet hat. Man kann Umstände nicht ausschließen, in denen diese inneren Probleme weniger verantwortliche Führer als Präsident Gorbatschow in Versuchung führen, durch äußere Aggression vorübergehend innere Spannungen zu entladen, aber man kann ausschließen, daß die Sowjetunion zu einer Macht wird, die Europa ohne Gewalt von ihrem eigenen Ordnungsbild überzeugt.

Vielen ist aufgefallen, daß zur gleichen Zeit, zu der die Sowjetunion um ihren Zusammenhalt besorgt sein muß, die Vereinigten Staaten sich auf einen ihrer periodischen Rückzüge in die eigene Muschel begeben haben. Das ist sicherlich eine Übertreibung. Felix Rohatyn hat denselben Sachverhalt mit Recht relativiert: »Ich glaube nicht, daß dies eine richtige Analyse ist, aber es stimmt, daß die Vereinigten Staaten in Europa und Japan mehr und mehr als ein Land am Rande gesehen werden.«[83] Zuweilen gerät man in Versuchung, die USA mit dem Freund zu vergleichen, der hinter der dicken Glasscheibe auf einem Flughafen steht und die Ereignisse in der Ankunftshalle betrachtet. Er sieht seine Bekannten durch die Paßkontrolle kommen und ihr Gepäck suchen; er kann ihnen zuwinken, aber reden kann er nicht mit ihnen (außer im Stil von »Achtet auf meine Lippen!«); Dinge geschehen, über die der wartende Freund keinerlei Kontrolle hat; er ist dabei und doch nicht dabei, immer sichtbar, aber nie ein Teil des Geschehens. Wiederum ist dies keineswegs die ganze Wahrheit. Joseph Nye hat die wachsende Schar von Kassandras angenommen, die sich am Niedergang Amerikas ergötzen, und hat gezeigt, daß die Vereinigten Staaten heute vielleicht nicht mehr in einsamer Höhe über jeder Liga zu finden sind, aber immer noch eindeutig an der Spitze der Weltliga der militärischen, ökonomischen und politischen Macht wie auch der schieren Anziehungskraft für Millionen von Menschen stehen. Amerika ist daher »gezwungen zu führen«[84].

Doch spielt es keine Führungsrolle im Fortgang der Revolution in Europa. Vielleicht sollten wir über die fehlende Hand der USA nicht zu traurig sein. Zumindest kann niemand je behaupten, daß die Revolution in Europa eine Verschwörung der CIA war. Auch gibt es keine Anzeichen für die These, daß die Länder Ostmitteleuropas die sowjetische Umarmung verlassen haben, um mit den Vereinigten Staaten ins Bett zu gehen. Ernsthafter jedoch ist es objektiv schwierig, die zukünftige Rolle der Nato zu bestimmen und die atlantische Beziehung in die Konstruktion Europas hineinzupassen. Michael Howard hat beides versucht, und ich bin mit ihm in der Zielsetzung einig. Die Wahrscheinlichkeit »eines besonderen militärischen Status für die Nationen Mitteleuropas«, verbunden mit der Tatsache, daß »es wirklich ein deutsches Problem gibt« – »es mag nur ein Problem der Wahrnehmung sein, aber es existiert nichtsdestoweniger« –, bedeutet, daß ein Bündnis ohne die USA nicht akzeptabel wäre. Ohnehin muß man sagen, »wenn der Preis der Rekonstruktion Europas die Desintegration der atlantischen Gemeinschaft wäre, dann hätten wir einen sehr schlechten Tausch getan«[85]. Was aber folgt aus solchen löblichen Zielsetzungen praktisch?

Ich bin nicht sicher, und soweit ich sehen kann, hat bisher niemand einen überzeugenden Vorschlag gemacht. Gerne würde ich glauben, daß Großbritannien beim Entwurf der Sicherheitsarchitektur Europas eine besondere Rolle zu spielen hat. Schließlich war Großbritannien wohlvorbereitet auf die letzte Krise dieser Art, wenn auch nicht ganz dieses Ausmaßes, als im Jahre 1954 das französische Parlament den Vertrag zur Begründung einer Europäischen Verteidigungsgemeinschaft nicht ratifizierte. Zugegebenermaßen war die Sache damals einfacher, als sie es heute ist. Die deutsche Nato-Mitgliedschaft und die britische Verpflichtung, eine Armee am Rhein zu stationieren, schufen die zusätzlichen Garantien, die 1954 nötig waren für Europas Sicherheit vor einem sowjetischen Angriff.

Heute ist es schon schwierig, das Problem beim Namen zu nennen. Wer soll gegen wen verteidigt werden? Darauf gibt es verwirrende und unklare Antworten. Die verbleibende Bedrohung durch die Sowjetunion ist nicht gering zu schätzen; manche sind der Meinung, daß sie mehr als nur eine Restgefahr darstellt und daß große Mächte sich in der Vergangenheit unberechenbar verhalten haben, wenn sie unter Druck standen. Neue Bedrohungen können innerhalb Europas entstehen. Seit Jahrzehnten war es fast ein Gemeinplatz, daß die Zeit der Kriege zwischen europäischen Ländern vorbei ist. Wahrscheinlich gilt das auch heute noch. Aber wenn man das Aufleben nicht nur von neuen Nationen, sondern auch von alten nationalen Emotionen betrachtet, muß es erlaubt sein, einen Moment lang zu zögern bei der allzu gewissen Bekräftigung der These vom Ende aller europäischen Kriege. Jedenfalls bedarf die Sicherheit innerhalb des größeren Europa von Brest, oder vielmehr von Galway im westlichen Irland, bis Brest, wenn nicht bis Wilna und Riga, gewisser Garantien, die es einstweilen nicht gibt. Hinzu kommen die vielen Quellen der Instabilität in aller Welt. Nicht alle betreffen Europa direkt, obwohl das für manche gilt, sei es, weil sie sich unmittelbar vor den Toren Europas befinden, sei es auch, weil sie historische Beziehungen europäischer Länder wachrufen. Eine weniger strukturierte Welt ist auch eine gefährdetere Welt, und wir tun gut daran, uns auf mögliche Probleme vorzubereiten.

Wie das? Einstweilen herrscht weitgehend Verwirrung, bis hin zu dem Vorschlag, daß ein vereinigtes Deutschland gleichzeitig zur Nato gehören und sich nicht wie ein Nato-Mitglied gebärden soll. Als wirksames Militärbündnis existiert der Warschauer Pakt praktisch nicht mehr; die Nato geht durch einen Prozeß der schmerzhaften Selbstprüfung. Wenn ich mir einen Moment der Spekulation gestatte, dann würde ich in den nächsten Jahren drei Entwicklungen erwarten. Die eine wäre ein Arrangement zwischen den nuklearen Supermächten, das die Sicherheitsbedürfnisse der Sowjetunion befriedigt und zugleich das Niveau der nuklearen wie auch der konventionellen Bewaffnung beträchtlich zurücknimmt. Eine zweite Entwicklung bestünde darin, die Länder Europas in einem eigenen Sicherheitsbündnis zusammenzubringen, einer Art Central European Treaty Organization (CETO). Da dieses sich von Irland bis Polen und vielleicht noch weiter erstrecken würde, wäre sein militärischer Gehalt weniger eindrucksvoll als seine politische Absicht. Die dritte Entwicklung würde atlantisch sein. Eine neu definierte Beziehung zwischen den Vereinigten Staaten und Europa müßte auf der Nato aufbauen und durch militärische Garantien abgestützt werden, wenngleich deren Art und Ausmaß noch genau zu prüfen sind. Geschichte und Geographie geben Großbritannien in solchen Überlegungen einen zentralen Platz, auch wenn Deutschland ihr zentrales Thema sein muß.

Dies sind vage Ideen, die mehr Fragen offenlassen als sie beantworten. Man muß hoffen, daß wir die Zeit haben, um solche Antworten ohne unangenehme Überraschungen auszuarbeiten. Dabei mag es helfen, daß wir schon jetzt in ein neues Stadium der Konstruktion Europas eingetreten sind, das Stadium der Verhandlungen. Zahlen werden herumgereicht: 2 (Deutschlands) plus 4 (Siegermächte) plus 8 (deutsche Nachbarn außer Frankreich) plus 12 (Mitglieder der Europäischen Gemeinschaft), dann 16 (Nato-Mitglieder) und 35 (Teilnehmerländer an der KSZE). Wenn dies alles, oder doch das meiste davon, tatsächlich geschehen ist, dann wissen wir, daß die Geschichte sich wieder verlangsamt hat. Vielleicht sind wir alle ein bißchen außer Atem nach dem hektischen Rennen von 1989 und dem Hindernislauf von 1990, so daß uns ein gemesseneres Tempo nicht schaden kann. Den Gang zu wechseln hat allerdings, wie ich anfangs schon sagte, seine eigenen Risiken; hoffen wir, daß uns dabei die Nerven nicht durchgehen. Vielleicht hilft da sogar eine Tatsache, die an diesem Punkt zumindest erwähnt werden muß. Die Revolution in Europa beherrscht nun schon seit beträchtlicher Zeit die Schlagzeilen. Das ist durchaus willkommen, denn es kann nichts schaden, wenn die durch Fernsehen und Boulevardpresse auf das Unmittelbare und Sensationelle verkürzte Aufmerksamkeit der Menschen ein bißchen strapaziert wird. Dennoch wird Ostmitteleuropa nicht für immer in den Schlagzeilen bleiben. Wenn erst die langsame Maschinerie des Verlegens und Verteilens von Büchern jene Bibliothek zu dem Thema unter die Leute gebracht hat, die jetzt geschrieben wird, dann könnte es sein, daß die Produkte nicht nur ihre Aktualität verloren haben, sondern verdrängt werden durch andere Themen, die die Aufmerksamkeit der meisten beanspruchen.

Das könnten sogar internationale Themen sein. Der Mittlere Osten ist ein bißchen aus dem Blickfeld der meisten verschwunden, während alle auf Warschau und Prag und Berlin starrten; er ist darum nicht weniger explosiv. China wird nach dem Massaker auf dem Platz des Himmlischen Friedens seine Stabilität erst dann wiedergewinnen, wenn es Wandel akzeptiert statt ihn brutal niederzuwalzen. Wir alle müssen uns auf eine Zeit einstellen, in der Regierungen und Parlamente die normale – nämlich lange, vielleicht endlose – Zeit brauchen, um eine halbe Milliarde Mark für Hilfsmaßnahmen zur Verfügung zu stellen, und der unmittelbare Eindruck eines Besuches von Ihrem Premierminister oder dem Präsidenten der Tschechoslowakei dafür nicht reicht. Aus diesem, wenn schon aus keinem anderen Grund müssen Sie sich am Ende vor allem auf Ihre eigenen Kräfte verlassen. Damit meine ich nicht notwendig und sicherlich nicht nur Ihre materiellen Ressourcen. Großzügige Unterstützung durch das übrige Europa wie auch durch die Vereinigten Staaten und Japan sollte die schmerzhafte Reise durch das Tal der Tränen erleichtern. Aber ich meine die Kräfte der Vernunft und des Mutes, menschliche Kräfte auf seiten der Juristen, der Politiker und vor allem der Bürger.

Irgendwie widerstrebt mir die Aussicht auf die Rückkehr der Normalität. Der Grund dafür liegt nicht nur in meiner Neigung zur Verfassungspolitik, sondern auch in der belebenden Wirkung einer Revolution, die Chancen der Freiheit eröffnet. Das Beispiel von Menschen großer moralischer Integrität, die den Mut ihrer Überzeugungen haben und damit obsiegen, gibt uns allen das Empfinden, daß zumindest manchmal in dieser Welt das Gute über das Böse siegt. In dieser Hinsicht wie auch sonst ist die Normalität nicht sonderlich inspirierend. Dann aber setzt sich bei mir doch die rationale Überlegung gegen die Gefühle durch. Vielleicht lenkt auch eine tiefere Passion die Gedanken weg von der Aktualität. Viele Menschen in der ganzen Welt haben das Spektakel der Revolution in Europa nicht ohne Ressentiment beobachtet. Sie haben den Eindruck, daß sie dabei übersehen und vernachlässigt werden. Zum Unterschied von Amerikanern sind sie nicht mitfühlende Zuschauer, die ihre Freunde eintreffen, ja heimkommen sehen, sondern vergessene Opfer ihres eigenen Schicksals des Terrors, des Hungers und der Krankheit. Wer spricht noch von Eritrea? Von Kambodscha?

Die Völker Ostmitteleuropas haben hinter dem Eisernen Vorhang ein schreckliches, aber auch ein beschütztes Leben geführt. Für sie war die Weltpolitik ein fernes Schlachtfeld der großen Mächte, und internationale Organisationen bedeuteten die Fortsetzung des kalten Krieges mit politischen Mitteln. Auch das haben die Wiedervereinigungen, die aus der Revolution von 1989 folgen, verändert. Jetzt sind alle europäischen Nationen Teil einer Welt, in der die Verantwortung nicht an der eigenen Haustür endet. Damit will ich nicht behaupten, daß die Europäische Gemeinschaft (zum Beispiel) in dieser Hinsicht ein reines Gewissen haben kann. Trotz der Kennedy-Runde und der Abkommen von Jaunde und Lome mit den Entwicklungsländern haben wir zweifellos zuweilen internationale Regeln verletzt und jedenfalls nicht genug getan für die, die uns brauchten. Doch ist das kein

Alibi für das alte oder das jetzt entstehende neue Europa, die übrige Welt zu vernachlässigen.

Ich bin ein wenig hart mit Präsident Gorbatschow und seinem Gedanken »eines gemeinsamen europäischen Hauses« ins Gericht gegangen. Indes haben genaue Beobachter bemerkt, daß er selbst schon seit längerem diesen Gedanken zurückgestellt hat zugunsten der Betonung globaler Themen, die die Menschheit verbinden statt sie in Blöcke aufzuteilen. Der dauerhafte Frieden ist ein solches Thema, und wir müssen hoffen, daß das Tempo des Fortschritts, das sich gegenwärtig im Hinblick auf Abrüstung und Rüstungskontrolle abzeichnet, nicht durch die Heraufkunft der Normalität verlangsamt wird. Die Entwicklungsländer sind ein weiteres Weltthema, und Ihre eigene Erfahrung erinnert uns daran, daß damit nicht nur wirtschaftlicher Fortschritt gemeint sein kann, sondern dieser mit der Anerkennung der Menschenrechte und der vollen Teilnahme aller Bürger verknüpft werden muß. Die menschliche Lebensumwelt auf unserem Planeten ist an die Spitze der Tagesordnung von Regierungen, internationalen Organisationen und einflußreichen politischen Gruppen geklettert. Der Zustand der Umwelt im östlichen Europa erzählt eine traurige Geschichte von den Folgen der Vernachlässigung dieses Themas. Hier geht es um ein kritisches Gleichgewicht von entschiedenem, internationalem Handeln und der Insistenz auf der Bewahrung der elementaren Freiheiten. Die wohlwollende Diktatur von Ökologie-Königen ist nicht besser als jede andere Diktatur, und wir müssen uns vor ihr hüten.

Die Pointe dieser Hinweise ist einfach. Es ist eine angenehme Aussicht, in einem festen Haus zu leben. Ein geordnetes Dorf, das sich nach außen zu schützen versteht, gibt seinen Bewohnern ein Gefühl der Sicherheit und die Möglichkeit, ihren Geschäften nachzugehen. Aber das Dorf ist Teil einer viel größeren Landschaft menschlicher Siedlungen. Was in einer von ihnen geschieht, berührt das, was in allen anderen geschieht. Insbesondere haben die Bewohner des festen Hauses eine Wirkung auf alle anderen, was immer sie tun oder nicht tun. Das gilt noch ausgeprägter für die Leute im Hochhaus jenseits des Wassers. Am Ende werden wir weder sicher noch frei sein, solange nicht die Menschen in allen Dörfern und Städten der Welt Bürger sind.

Sehr geehrter Herr J., es ist an der Zeit, diese lange Epistel zum Abschluß zu bringen. Von allen anderen Gründen abgesehen, sollte man immer Schluß machen, wenn man lyrische Töne anzuschlagen beginnt. Ich habe Ihre Fragen zum Anlaß genommen, um zu manchen mehr zu sagen, als Sie erwartet haben und vielleicht hören wollten. Lassen Sie mich Ihnen versichern, daß die Ausführlichkeit nicht Nachlässigkeit ist: klar und konzis zu sein war meine Absicht. Doch bleibt die schlichte Tatsache, daß Ihre Fragen, wie übrigens der gesamte Prozeß der Revolution in Europa, Kopf und Herz eines Liberalen zutiefst aufrühren.

Auch ist die Absicht dieses Briefes durchaus nicht rein theoretisch. Mein Grundgedanke ist einfach. Die Wahl, vor der wir bei der Ordnung unserer Angelegenheiten stehen, ist die zwischen Systemen welcher Art auch immer und der offenen Gesellschaft. Es gibt keinen dritten Weg, und ich freue mich, daß Sie den Weg in die Freiheit gewählt haben. Auf diesem Weg gibt es Raum für viele verschiedene Geschwindigkeiten und Fortbewegungsmittel, für Umwege und Abwege, wenn auch selten für Abkürzungen. Innerhalb der Verfassung der Freiheit führen hundert Wege voran, und alle von ihnen mischen Elemente der wirtschaftlichen, politischen und sozialen Reform in einer Weise, die den Puristen beunruhigt. Der Schlüssel zum Fortschritt liegt daher nicht in der Vorstellung einer kompletten Alternative, einem detaillierten Generalplan der Freiheit. Solche Pläne sind Widersprüche in sich und führen eher zurück zur geschlossenen Gesellschaft. Der Schlüssel zum Fortschritt heißt strategische Veränderung. Er liegt in dem Versuch, eine kleine Zahl von scheinbar geringfügigen Maßnahmen zu identifizieren, von denen wahrscheinlich ist, daß sie weitreichende und langfristige Auswirkungen haben. Strategische Veränderungen sind Entscheidungen mit großer Hebelwirkung, die häufig hart am Rand des unter gegebenen Umständen gerade noch Akzeptablen und Praktikablen liegen, doch geht es bei ihnen nicht um Systeme und deren Transformation in andere Systeme.

Karl Popper, dessen Denkansatz ich mehr schulde als dem irgendeines anderen Autors, hat das Lob der »schrittweisen gegenüber der utopischen Sozialtechnik« gesungen[86]. Ich weiß, was er dabei im Sinne hat, wenngleich mir für diesmal seine Sprache nicht gefällt. Selbst abgesehen vom mißlichen Beigeschmack einer Sozialtechnik, ist »schrittweise« nicht ganz genug, wenn es um eine konstitutionelle Herausforderung geht. Popper läßt die Tür offen für »die Möglichkeit, daß eine Reihe von schrittweisen

Reformen durch eine allgemeine Tendenz inspiriert werden«. Gewiß hilft es, ein Bild von der Zukunft zu haben. Aber die kritische Frage lautet, wie man von hier nach dort kommt, und die Antwort muß heißen: indem man die entscheidenden ersten Schritte in die richtige Richtung tut. Ludwig Erhards Reformen lassen sich schwerlich als schrittweise beschreiben, und dasselbe gilt für die von Leszek Balcerowicz oder auch Václav Havels Entscheidungen zur Enteignung von Parteieigentum und zur Entlassung von Lehrern des Marxismus-Leninismus.

Es liegt in der Natur der Sache, daß es keine allgemeinen Regeln zur Identifizierung der nötigen strategischen Entscheidungen gibt. Die Umstände sind von Ort zu Ort und von Zeit zu Zeit verschieden, und ich habe wenig Geduld mit denen, die Patentmedizinen anbieten, ob diese sofortige Konvertibilität der Währung oder das Verfahren des irischen oder französischen oder deutschen Wahlrechts sind. Ich würde vermuten, daß in Polen die nötigen ersten strategischen Veränderungen stattgefunden haben und die nächste Aufgabe darin besteht, sie konsequent zu verfolgen und zugleich den Wirtschaftsreformen etwas mehr Sozialpolitik an die Seite zu stellen. In Ostdeutschland war es leicht, die strategischen Erfordernisse zu identifizieren; Währungsunion und politische Union mit der Bundesrepublik waren offenkundige Ziele. Es mag durchaus sein, daß in der Tschechoslowakei die von der ersten freien Regierung eingeleiteten politischen und konstitutionellen Wandlungen den richtigen Kurs vorzeichnen, doch bleibt in wirtschaftlicher Hinsicht noch viel zu tun. Andere, einschließlich von Ungarn, finden sich in einer schwierigen Lage, und sei es nur, weil der Kollaps des Zentrums bei ihnen weiter fortgeschritten ist. In einer solchen Lage hängt viel davon ab, daß die verbleibende Macht der Regierungen für die richtigen Zwecke eingesetzt wird. Es mag sein, daß dies für den Primat von Entscheidungen im Währungsbereich spricht, verbunden natürlich mit dem Versuch, wenigstens eine rudimentäre Regierungsstruktur aufzubauen.

Können wir dabei helfen? In der Tat, sollten wir helfen? Viel hängt davon ab, was die Ostmitteleuropäer und ihre Regierungen wollen. In manchen Fällen liegt die Notwendigkeit rascher Hilfe auf der Hand. Die Gruppe der 24 unter der Federführung der Europäischen Gemeinschaft hat diese Notwendigkeit gesehen, seit der Wirtschaftsgipfel von Straßburg ihr im Herbst 1989 die Aufgabe übertrug. Ich hoffe, daß die Europäische Bank für Wiederaufbau und Entwicklung nicht im Sumpf bürokratischer Rivalitäten versinkt. Zu viele Marshallpläne sind in den letzten Jahren von übereifrigen Kommissionen und einzelnen gefordert worden. Dabei werden wichtige Tatsachen vergessen, einschließlich der enormen Größenordnung der Nachkriegsoperation, als die Vereinigten Staaten nicht weniger als zwei Prozent ihres Bruttosozialprodukts für fünf Jahre zur Verfügung stellten, um Europa bei seiner Genesung zu helfen. Überdies hat der Marshallplan keineswegs überall zu so spektakulären Erfolgen geführt wie in Deutschland. Wie dem auch sei, wenn das übrige Europa bereit wäre, zwei Prozent seines Bruttosozialprodukts für fünf Jahre zur Verfügung zu stellen, um den Übergang der postkommunistischen Länder zur offenen Welt zu erleichtern, dann wäre ich jedenfalls unter denen, die Parteien und Regierungen mit ihrer Stimme unterstützen, die das Projekt fördern.

Dann ist da die große Aufgabe der bürgerlichen Gesellschaft. Sie ist die wichtigste von allen, und sie verlangt zudem die größten Anstrengungen in den betroffenen Ländern. Vielleicht sind wir imstande, in einigen Bereichen die nötigen Kenntnisse zu vermitteln. Wenn ich mich an die deutsche Nachkriegszeit zurückerinnere, dann denke ich dankbar an die Verfügbarkeit von Büchern und Zeitschriften, an Austauschprogramme für Reisen, sogar an Konferenzen und Symposien; obgleich ich höre, daß Sie sich allmählich etwas überwältigt fühlen von den vielen Einladungen und der Invasion westlicher Besucher. Doch reicht die Wiedervereinigung der Sprache nicht, wenn sie eine nicht-praktizierte Chance bleibt, statt als Herausforderung verstanden zu werden, die gemeinsame Sprache zu sprechen, und zwar so oft und an so vielen Orten wie möglich. Zuviel Kontakt und Diskussion ist besser als zuwenig. Da bleibt manches zu tun, das meiste von Ihnen, Ihren Landsleuten und allen anderen in den neuen Demokratien Europas, die den Weg in die Freiheit suchen.

Ich kann diesen Brief nicht besser schließen als durch die Rückkehr zu seinem Paten Edmund Burke. »Ich habe Ihnen meine Gedanken mit Freimütigkeit eröffnet.«[87] Burke war vielleicht ein wenig zu pessimistisch. »Ich bilde mir nicht ein, Ihr Urteil nach dem meinigen umzustimmen.« Ich hoffe im Gegenteil, daß Sie über manche Ihrer weniger überzeugenden Absichten noch einmal nachdenken werden, darunter über »Schweden«, den »dritten Weg« und »Mitteleuropa«. »Ich kann zur Empfehlung meiner Ideen nichts weiter anführen als lange Beobachtung und große Unparteilichkeit ... Es sind die Ideen eines Menschen, dessen ganze bürgerliche Tätigkeit kaum etwas anderes gewesen ist als ein Kampf für die Freiheit anderer.« Mir gefällt auch die Art, in der Burke seinen Brief schließt, indem er sich als jemanden beschreibt, der, »wenn das Schiff, worin er segelt, in Gefahr gerät, auf einer Seite überladen zu werden, die geringe Masse seiner Gründe gern auf die andere trägt – um das kostbare Gleichgewicht zu erhalten«. Gibt es eine bessere Metapher zur Beschreibung einer antizyklischen Denkweise? Freiheit vor allem, das ist es, woran ich glaube. Das Ziel mag offenbar sein, aber der Weg dahin hat viele Fallgruben. Wir können dabei helfen, manche davon zu überwinden, aber in erster Linie sind Ihre Energie und Zielstrebigkeit herausgefordert. Der Rest ist Glück. Ich drücke Ihnen den Daumen und hoffe das Beste. Das tue ich mit ganzem Herzen.

Oxford, im Juli 1990

Mit freundlichen Grüßen
Ihr R. D.

Anmerkungen

1 So Edmund Burke in der Einleitung zur englischen Ausgabe seiner *Reflections on the Revolution in France* »In einem Brief, der an einen Herrn in Paris gerichtet ist«. Die Mehrzahl der Burke-Zitate hier stammen aus den *Betrachtungen über die Französische Revolution*, hrsg. v. U. Frank-Planitz (Manesse Verlag, Zürich 1986).

2 Timothy Garton Ash: *We the People. The Revolution of 1989* (Granta/Penguin, London 1990); (dt.: *Ein Jahrhundert wird abgewählt*).

3 Siehe das Kapitel unter dem Titel »Refolution« in Timothy Garton Ash: *The Uses of Adversity* (Random House, New York 1989).

4 Crane Brinton: *The Anatomy of Revolution* (Vintage Books, New York 1957). Die Zitate in diesem Absatz sind auf S. 95, S. 96.

5 Crane Brinton: *a. a. O.*, S. 152 f.

6 Robert Michels: *Zur Soziologie des Parteiwesens in der modernen Demokratie*, Neuausgabe (Kröner, Stuttgart 1925), S. 25. Das Buch verdankt mehr als es zugibt dem Werk von M. Ostrogorski: *La démocratie et l'organisation des partis politiques* (Paris 1903).

7 Das Symposium, bei dem André Fontaine dies sagte, ist in *Die Zeit* vom 29. 12. 1989 unter dem Titel »Ende des Kommunismus – und was nun?« veröffentlicht worden, siehe S. 11.

8 George Orwell: *1984* (Harcourt Brace, New York 1949), Anhang.

9 Siehe Archie Brown: »How Radical Is Gorbachev?« in *Newsday*, 11. 2. 1990, S. 5–7.

10 Ralf Dahrendorf: *Class and Class Conflict in Industrial Society* (Stanford University Press, Stanford 1959), S. 312.

11 Ernest Gellner: »Perestroika Observed«, in *Government and Opposition*, Bd. 25, Nr. 1 (Winter 1990), S. 6.

12 Ralf Dahrendorf: *Die neue Freiheit* (Piper Verlag, München–Zürich 1975), S. 102.

13 Ralf Dahrendorf: *The Modern Social Conflict* (Weidenfeld & Nicolson, New York–London 1988), S. 91.

14 Mancur Olson: *Aufstieg und Niedergang von Nationen* (Mohr/Siebeck, Tübingen 1985).

15 Siehe Susan Strange: *Casino Capitalism* (Blackwell, Oxford 1986).

16 George F. Kennan: »Witness«, in *New York Review of Books*, Bd. XXXVII, Nr. 3 (1. 3. 1990), S. 4.

17 Timothy Garton Ash: *We the People* (a. a. O.), S. 148. Das Zitat im folgenden Absatz findet sich auf S. 154.

18 Karl R. Popper: *The Open Society and Its Enemies*, neue Ausg. (Routledge

& Kegan Paul, London 1952), S. 200 f.; (dt.: *Die offene Gesellschaft und ihre Feinde*).

19 Friedrich A. von Hayek: *The Road to Serfdom* (Routledge & Sons, London 1944); (dt.: *Wege in die Knechtschaft*).

20 *The Federalist Papers*, hrsg. von Jacob E. Cooke (Meridian Books, Cleveland-New York 1961).

21 Edmund Burke: *a. a. O.* Die Zitate sind auf den Seiten 130, 136 f.

22 Friedrich A. von Hayek: *a. a. O.* Die Zitate sind auf den Seiten 10, 3, 137.

23 Friedrich A. von Hayek: *The Fatal Conceit: The Errors of Socialism*, hg. von W. W. Bartley III (Routledge, London 1988). Die Zitate in diesem Absatz sind auf den Seiten 7, 27, 83, 73.

24 Francis Fukuyama: »The End of History?«, in *The National Interest* No. 16 (Sommer 1989). Die Zitate im folgenden Absatz sind auf den Seiten 3, 4, 8, 18. Der »spätere Artikel«, in dem Fukuyama sich gegen einige seiner Kritiker verteidigt (vor allem gegen die aus derselben Nummer des *National Interest*), ist in mehreren Zeitungen abgedruckt worden, zum Beispiel der *International Herald Tribune* vom 15. 12. 1989 (»End of History: So Misunderstood by So Many«).

25 S. Elghiz Pozdnyakov: »›The End of History?‹ Apropos of Francis Fukuyama's Article«, in *Moscow News*, Nr. 2/1990.

26 George Dangerfield: *The Strange Death of Liberal England 1910– 1914* (Capricorn Books, New York 1961). Zitate auf den Seiten 72, VII.

27 Lord Selborne meinte natürlich das House of Lords, aber Dangerfield zitiert ihn (im Motto zum Teil I seines Buches), um eine allgemeinere These zu begründen: »Die alte Ordnung, die blasse alte Welt ging rasch zugrunde: und das Parlamentsgesetz [das die Rechte des House of Lords beschränkte – R. D.] war ihr keineswegs verfrühter Nachruf« (S. 67).

28 So Karl Marx im 3. Band von *Das Kapital* (Dietz Verlag, Berlin 1953), S. 478, wo die Aktiengesellschaft als »notwendiger Durchgangspunkt« bei der Transformation des »Privateigentums vereinzelter Produzenten« in das »Eigentum ihrer als assoziierter, als unmittelbares Gesellschaftseigentum« bezeichnet wird.

29 John Maynard Keynes: »Am I a Liberal?«, in *Essays in Persuasion*, Bd. IX der *Collected Writings* (Macmillan, London 1972), S. 296

30 Wladimir Iljitsch Lenin: seine Rede vor dem Achten Gesamtrussischen Kongreß der Sowjets am 22. 12. 1920; abgedruckt in den meisten Ausgaben der *Werke* (so in Bd. 31, S. 484 der offiziellen Ausgabe, Moskau 1950).

31 Robert Conquest: *The Harvest of Sorrow* (Oxford University Press, Oxford–New York 1986).

32 Milovan Djilas: *The Nerv Class. An Analysis of the Communist System* (Frederick A. Praeger, New York 1957); (dt.: *Die neue Klasse*).

33 S. Richard Crossman, Hrsg.: *The God That Failed* (Bantam Books, New York–London 1965); (dt. *Der Gott, der keiner war*).

34 Der Bericht meines Vaters über diese Vorgänge ist in einem nüchternen und ernüchternden Aufsatz unter dem Titel »Die Zwangsvereinigung der Kommunistischen und der Sozialdemokratischen Partei in der russischen Zone« enthalten in Gustav Dahrendorf: *Der Mensch das Maß aller Dinge* (Verlagsges. Deutscher Konsumgenossenschaften, Hamburg 1955).

35 »Das Elend der Sozialdemokratie«, in *Merkur* 466, Bd. 41, Nr. 12 (Dez. 87).

36 Willy Brandt: *Die Abschiedsrede* (Siedler, Berlin 1987), S. 32.

37 So Marx und Engels im Ersten Teil des *Kommunistischen Manifests*.

38 Für Djilas s. Anm. 32. Ota Šik: *Der dritte Weg* (Hoffmann und Campe, Hamburg 1974). Rudolf Bahro: *Die Alternative* (Europäische Verlagsanstalt, Frankfurt 1977). Andrew Shonfield: *In Defence of the Mixed Economy* (Oxford Univ. Press, Oxford–New York 1984). Siehe auch R. Dahrendorf: »Tertium non datur: A Comment on the Andrew Shonfield Lectures«, in *Government and Opposition*, Bd. 24, Nr. 3 (Frühjahr 1989).

39 Der Autor, der im Text namenlos bleibt (um alle persönliche Polemik zu vermeiden), ist Christian Lutz: »Die Möglichkeit eines dritten Weges für Osteuropa«, *Neue Zürcher Zeitung*, Nr. 4, 6./7. Januar 1990.

40 Karl Popper: *a.a.O.*; S. 168.

41 Peter Berger: *The Capitalist Revolution: Fifty Propositions About Prosperity, Equality and Liberty* (Basic Books, New York 1986), S. 19.

42 Harold James: *The German Identity 1770–1990* (Weidenfeld & Nicolson, London 1989), S. 86.

43 David Broder von der *Washington Post* hat dies im Gespräch bemerkt.

44 So zuerst bei Jochen Bergmann, Gerhardt Brandt, Klaus Körber, Ernst Theodor Mohl und Claus Offe: »Herrschaft, Klassenverhältnis, Schichtung«, in *Spätkapitalismus oder Industriegesellschaft*, Verhandlungen des 16. Deutschen Soziologentages (Enke, Stuttgart 1969).

45 James Buchanan (*The Limits of Liberty*) und Gordon Tullock (*The Calculus of Consent*) sind Beispiele, wie auch manche Schüler von Kenneth Arrow.

46 Bei dem in Anm. 7 erwähnten Symposium.

47 John Maynard Keynes: »Am I a Liberal?« in *Essays in Persuasion*, Bd. IX der *Collected Writings* (Macmillan, London 1972), S. 296, S. 299.

48 In einem Konferenzbeitrag für das Institute of East-West Security Studies (New York) unter dem Titel »Democratization and Security in Eastern Europe« (März 1990).

49 Das Zitat ist beklagenswert indirekt; es stammt aus Owen Chadwicks Beitrag zur Castel-Gandolfo-Konferenz des Instituts für die Wissenschaft vom Menschen (Wien) im August 1980; Chadwick selbst zitiert Matrats Biographie von Robespierre.

50 George Schoepflin in einem Konferenzbeitrag für das Institute of East-West Security Studies (New York) unter dem Titel »Prospects for Democracy in Central and Eastern Europe« (März 1990).
51 Siehe *The Federalist Papers* (a. a. O.), Nrn. 78 bis 83.
52 a. a. O., S. 523.
53 Siehe Ludwig Erhard: *Gedanken aus fünf Jahrzehnten*, hrsg. von Karl Hohmann (Econ Verlag, Düsseldorf–New York 1988), S. 50.
54 So Helmut Schmidt bei dem in Anm. 7 erwähnten Symposium.
55 Siehe Alfred Müller-Armack: *Genealogie der sozialen Marktwirtschaft*, 2. Aufl. (Paul Haupt, Bern–Stuttgart 1981), S. 100 f.
56 Timothy Garton Ash: *We the People* (a. a. O.), S. 147. Siehe auch seine *Uses of Adversity* (a. a. O.) S. 270 f.
57 Siehe Timothy Garton Ash: *The Polish Revolution* (Jonathan Cage, London 1983).
58 Siehe Thomas H. Marshall: *Citizenship and Social Class* (Cambridge University Press, Cambridge 1950).
59 Edmund Burke: *a. a. O.* Siehe Anm. 21 und S. 139 f.
60 Siehe *The Federalist Papers* (a. a. O.), Nr. 51; S. 351 f.
61 Bei dem in Anm. 7 erwähnten Symposium.
62 Philip Roth: »A Conversation in Prague«, in *New York Review of Books*, Bd. XXXVII Nr. 6 (12. April 1990), S. 21, S. 17.
63 Karl Heinz Bohrer: »Und die Erinnerung der beiden Halbnationen?« in *Merkur*, Bd. 44, Nr. 3 (März 1990), S. 188.
64 Timothy Garton Ash: *Uses of Adversity* (a. a. O.), S. 184.
65 Timothy Garton Ash: *We the People* (a. a. O.), S. 154.
66 Michael Heseltine: *The Challenge of Europe. Can Britain Win?* (Weidenfeld & Nicolson, London 1989), S. XIV.
67 Bei dem in Anm. 7 erwähnten Symposium.
68 Hans Magnus Enzensberger: *Ach! Europa* (Suhrkamp, Frankfurt a. Main 1987).
69 Günter Grass: »Kurze Rede eines vaterlandslosen Gesellen«, in *Die Zeit* Nr. 7 (9. Februar 1990), S. 61.
70 Siehe Fritz Stern in *Der Traum vom Frieden und die Versuchung der Macht* (Siedler, Berlin 1988), S. 245. Die Anspielung weiter oben gilt seinem Buch *Kulturpessimismus als politische Gefahr* (Scherz, Bern–Stuttgart 1963).
71 Ulrich Greiner: »Das Phantom der Nation«, in *Die Zeit* Nr. 12 (16. März 1990), S. 67. Dort auch die Zitate der anderen genannten Autoren; doch siehe Karl-Heinz Bohrer: »Warum wir keine Nation sind«, in *Frankfurter Allgemeine Zeitung* Nr. 11 (13. Januar 1990).
72 Der Begriff stammt von Helmuth Plessner: *Die verspätete Nation* (Kohlhammer, Stuttgart 1959).

73 Die folgenden Habermas-Zitate stammen einerseits aus dem Artikel »Der DM-Nationalismus« in *Die Zeit* Nr. 14 (30. März 1990), andererseits aus dem im November 1989 verfaßten Papier »Republikanische Gesinnung oder Nationalbewußtsein?« Diese und andere Aufsätze liegen jetzt in dem Band vor: *Die nachholende Revolution* (Suhrkamp, Frankfurt a. Main 1990).

74 Timothy Garton Ash: »East Germany: The Solution« in *New York Review of Books*, Bd. XXXVII, Nr. 7 (26. April 1990); S. 18.

75 Peter Glotz: »Renaissance des Vorkriegsnationalismus« in *Die neue Gesellschaft*, Bd. 37, Nr. 1 (Januar 1990). Die Zitate finden sich auf den Seiten 41 f., 44 und 46.

76 Raymond Aron: »Is Multinational Citizenship Possible?« in *Social Research*, Bd. 41, Nr. 4 (Winter 1974).

77 Zwei Artikel, die ich unter einem durchsichtigen Pseudonym in der *Zeit* veröffentlichte (Wieland Europa: »Über Brüssel hinaus« und »Das Ziel eines neuen Europa« am 2. und 9. Juli 1971), führten zu einem Mißtrauensantrag aller politischen Gruppen mit Ausnahme der Kommunisten. Nach einer Debatte am 23. September 1971 wurde der Antrag zurückgezogen.

78 Alfred Grosser: »Angst vor Deutschland« in *Finanz und Wirtschaft* Nr. 19 (Zürich, 10. März 1990).

79 Andrew Shonfield nannte seine Reith Lectures des Jahres 1972 *Journey to an Unknown Destination* (BBC, London 1973).

80 Zitiert aus einem unveröffentlichten Redemanuskript von Sir Leslie Fielding (Universität Sussex): »The European Community and Eastern Europe« (6. März 1990). Die zitierte Auffassung ist nicht die des Autors.

81 Dieses Zitat von Jacques Delors wie auch alle folgenden stammen aus der Ansprache an das Europäische Parlament zum Programm der Kommission für 1990, 9. Januar 1990.

82 So in Punkt Fünf. Die folgende Aussage stammt aus Punkt Zehn.

83 Siehe Felix Rohatyn: »Becoming What They Think We Are«, in *New York Review of Books*, Bd. XXXVII, Nr. 6 (12. April 1990).

84 Joseph S. Nye: *Bound to Lead. The Changing Nature of American Power* (Basic Books, New York 1990).

85 Michael Howard: »Gateway to a New Europe«, in *The Times* (London), 23. März 1990.

86 Karl Popper: *The Poverty of Historicism (Routledge & Kegan Paul, London 1957), Kap. 21, S. 64 ff.; (dt.: Das Elend der Historizismus*).

87 Edmund Burke: *a. a. O.*, S. 420 f.